目錄

U0059132

前言

英國作家伯克把天下美景分為兩類:一種「耕牛般」景緻,如:春天的草原、柔美的山谷、森林河流小花,美麗而不壯闊;一種是「野牛般」景緻,能讓人感受到力量,一種大過人類、甚至是威脅到人類的力量,美麗而壯闊。人們嚮往青藏高原的景緻,並被它深深吸引,就是因為它的景緻既擁有「耕牛般」的特點,又擁有「野牛般」的特徵:秀麗、神奇、野性、雄闊。

從青海西寧、格爾木到西藏拉薩、林芝、波密,在看似平常的天路上,聚集著青藏高原獨特的自然景群:青海湖、柴達木盆地、崑崙山、沱沱河、唐古拉山、拉薩河、米拉山、尼洋河、色季拉山、通麥天險、魯朗林海等,它們集秀美、荒美、險美、壯美的特點於一身,集奇特、奇妙、神奇的特徵於一體,是一條不可多得的景觀大道,是文藝創作中挖掘不盡的藝術寶庫;這又是一條經濟、舒適、安全的旅行線路,低投入高回報、低風險高享受、低付出高收穫。

便利快捷的公共交通使「世界屋脊」不再遙遠,很多旅行者的高原夢想能夠輕鬆實現。幾張車票陪我完成了這次雪域高原的旅行,既領略了景色的壯與秀,又看到了奇和險。眼界拓展了,心胸寬闊了,適應性強了。同時,用小數位相機也收穫到了所有進出高原的人都能得到的那份珍貴禮物——美的影像。

難忘的旅行或許能改變人的觀念、轉變人的思想以及豐富人生。誠如英國作家阿蘭·德波頓在《旅行的藝術》中所言：「很少地方比在行進中的飛機、輪船和火車上更容易讓人傾聽到內心的聲音。......宏闊的思考常常需要有壯闊的景觀，而新的觀點往往也產生於陌生的所在。」人的思考不單能在旅行中產生，人的抉擇也常常在旅行中完成，人的成長進步自然也會在旅行中進行著。

引子

　　這麼多年不知出過多少次遠門，從沒像這次心中沒底。因這是一次非同尋常的青藏之旅、高原之行。我也曾猶豫過，畢竟去的地方海拔高、路途遠，又是獨自前往；加之自己除一些慢性病外，近來又腿疼厲害，經診斷為嚴重的半月板損傷、骨性關節炎，醫生叮囑一要長期服藥，二要少走路、少活動。這無疑給準備出行投下了不小的陰影。

　　以前總想到一些地方轉轉，不是沒時間，就是沒機會，或事多走不開。好不容易熬到有時間了、能走開了，身體又添麻煩。不過我想，還是克服困難儘早出去好，多參加些輕鬆、自由的旅行活動，既放鬆精神、休養身心，又能多拍些照片積累資料、留點紀念。否則，以後困難自然會越來越多，出行就更不容易了。

　　2010 年開春，就考慮先去什麼地方，首先想到了秋季的青藏高原：一是它享有「世界屋脊」、「地球第三極」美譽，是最負盛名的旅遊勝地，而且青藏鐵路也通車了，理應首選；二是這季節不是旅遊旺季，吃、住、行方便，舒適實惠；三是秋、冬季交接時，景色豐富多彩，時機難得；四是從健康週期看，這時自己的身體狀態最好，免疫力、耐受力最強。

　　國慶過後，一個好徵兆堅定了我出行的決心：服了多天治腿的藥顯效了，疼痛程度減輕了，於是立刻購買了西行的火車票。

安全起見，這次旅行做到了三點：一是少帶東西：包括不拿單眼相機、鏡頭、閃光燈、三腳架等器材，只帶個輕巧的小數位相機和洗漱用具等。二是循序漸進：分段乘車，慢慢適應，能堅持就繼續前行，不行就返回。三是活動節奏放慢：少走多看，少活動多休息。

第一章

唐蕃重鎮日新月異

西寧→塔爾寺→土樓觀（北禪寺）→人民公園

西寧（海拔 2250 公尺）是青海省省會，青藏公路、鐵路的起點，有著兩千多年的歷史。其名稱古時取自「西部安寧」之意，可見當時的戰略地位多麼顯要。後來，成了唐蕃古道的重要交通樞紐。新中國成立後，工農業迅速發展，城市面貌日新月異，現已成為青藏高原上一顆璀璨的明珠。

乘坐 T27 次列車從北京出發，行駛了 2200 多公里，運行 22 個小時，晚間到達西寧站。這裡天氣晴朗，感覺舒適。分別遊覽了郊區的百年名剎塔爾寺、位於市區的千年古寺土樓觀（北禪寺）、市內最大的人民公園，所到之處景色獨特，風光旖旎，使人眼界大開。早上乘火車離開西寧前往格爾木。

1. 遙遠的地方

秋風瑟瑟，隨著一聲深沉的汽笛聲，西去的列車徐徐開出了北京西站。車速越來越快，車輪的沙沙聲和風聲愈加明顯。此時，我躺在鋪上毫無睏意，一連串的思緒不停地翻騰著……

此次出行，乍看很輕鬆。一是沒時間約束：天數多少沒人管；二是沒地點限制：大方向是青藏高原，只要能適應，走到哪都行；三是沒硬性任務：無事一身輕；四是沒外圍託事：都知道這是個不容易的行程；五是沒精神壓力：上高原開開眼，就是兩手空空回來也沒什麼。但仔細想又不太輕鬆，因為出行的目的地與眾不同——「世界屋脊」、「地球第三極」，對於從沒去過青藏高原的人來說，擔心在所難免。很多資料提到去青藏高原，不管目標是什麼，必須得有雄厚的實力才行，主要指健康、經濟、裝備、精神等實力。但自己除了精神實力以外，其他方面都很弱。這輩子最大的體會，就是懂得了做什麼事情都要靠精神，否則很難成功，這或許是自己做事情的致勝法寶吧。

接著又有一個忐忑不安的念頭閃現出來，就是如何應對繞不過去的高原反應。以前沒去過青藏高原，但有過一次明顯的高原反應經歷。十年前遊峨眉山，身背二十多斤重的攝影包和三腳架。到山頂後，感覺四肢發軟，呼吸急促，走十幾公尺就得停下來休息。往前走，忽見路邊立一木牌，上面寫著：此處海拔 3060 公尺。哦！原來是高原反應造成的。3000 公尺就這麼明顯，4000、

5000 公尺的反應不知能嚴重到何等地步。所以，輕裝出行、慢節奏是上高原最為明智、合適的選擇。

　　列車勻速、有節奏地行駛著，低沉的隆隆聲像是為我鼓勁加油。想著想著勇氣又上來了，心情平靜了許多，輕掖一下被角，很快進入了夢鄉。

　　一提起青海的西寧，給人的感覺是個很遙遠的地方，因為音樂家王洛賓一曲《在那遙遠的地方》唱紅了幾十年。在地理位置上，西寧是處於中國版圖的西端。它不只是地理上遙遠，而且歷史也很久遠，早在五六千年前就開始有人在西寧地區居住生活。公元人民幣前一百年，西漢在這裡設立了管轄機構，修築軍事據點，鞏固統治政權。隨後人口不斷增加，農牧業生產迅速發展。三國時期曹操設西寧為西平郡，為西部安寧之意，至此西寧的稱謂已沿用了一千多年。唐代著名詩人王昌齡更是留下了「青海長雲暗雪山，孤城遙望玉門關。黃沙百戰穿金甲，不斬樓蘭終不還」這樣豪邁的詩句。在歷朝歷代中，西寧的確是一個保西部邊陲安寧的重鎮，在「唐蕃古道」上，起著重要的樞紐作用。文成公主入藏時，就曾路過這裡，在此歇息多日，然後南下經青海玉樹入藏。

　　西寧地處湟水河谷地，南北有山巒遙相呼應。屬高原半乾旱氣候，夏無酷暑，乾燥少雨，但有充沛的湟水河源源不斷滋潤著谷地，使這裡逐漸呈現出農牧業發達和百姓富庶的喜人景象，現

已成為現代工業文明和農業文明同步發展的大都市，是青藏高原唯一人口過百萬的城市。

這次青藏之旅，從踏上西寧這片黃土地那一刻起，正式拉開了帷幕。

列車進了西寧站。這裡氣溫與北京差不多，感覺舒適。出站後就近入住車站旅館。標準客房 120 元人民幣一天，又有電梯，很合我意。誰知進了房間才發現，房間無窗戶，通風不太好。

第二天上午，換到了車站對面的美寧旅館。先看房間再登記，選了個窗大的房間，可以平視車站大廳、俯瞰湟水河畔，又利於通風，比較滿意。從旅館窗戶向外望去，晨曦的朝輝灑滿大地，遠處的高樓雨後春筍般地拔地而起，湟水河蜿蜒流淌，一個現代化的新西寧展現在面前。在這充滿祥和、暖意融融的氣氛中，市民們也沒錯過這大好時光，這些大嬸太太們跳起舞來，多麼認真、多麼投入。她們的活動場所在馬路邊上，又是大清早，應是自發的休閒娛樂活動。在我住的幾天裡，每天早上都能免費看到她們的精彩表演，而且還有音樂伴奏，挺溫馨的。

市民們熱情的自娛自樂活動，見證了和諧社會的美好時光

地點：西寧火車站廣場 相機：佳能 G10 ISO 速度 ：100 曝光 ：1/320 秒

光圈：5.6 焦距：32 毫米 曝光補償：-0.3

　　當時乘坐的列車是北京開往拉薩的，下午列車進入青海境內，乘客們在聊天，當我說到上高原要多喝白糖水、紅糖水才行時，恰巧列車員路過這裡，他反駁道：「你說的不對，喝白糖、紅糖水效果一般，一定要喝葡萄糖水，抗高原反應效果最好。我跑拉薩車四五年了，比你們有經驗。」日後驗證，葡萄糖抗高原反應的效果確實不錯。

　　到西寧後，立即去藥店買了紅景天膠囊、葡萄糖粉和螺旋藻。前兩個是緩解高原反應的，後一個是補充維生素和潤腸的。售藥員又建議：「你要去西藏，最好再買點青海產的高原抗感冒膠囊，便宜、方便、效果還好。」我已有一些感冒藥，但還是愉快地接受了建議。後來證明，高原抗感冒膠囊效果很好，見效快，不犯睏。這時又趁機向售藥員討教其他的進藏祕訣，他們都熱心地幫著支招。如講到不要吃得太飽，否則容易加重高原反應和消化不良；多喝開水，促進新陳代謝；走路、提東西動作都要慢；晚上睡覺前，房間要注意通通風；到拉薩後，頭兩天不要洗澡和日後儘量少洗澡等等。經實踐，這些方法都有實用價值。看來任何難事都會有解決的辦法和相應的對策，就看用不用心或怎麼想辦法得到，辦法總比困難多，堅信這點就不會走彎路。

2. 名剎塔爾寺

　　頭一次到西寧，既陌生又新奇，很想到處看看。恰好旅館房間有青海旅遊圖冊，發現塔爾寺、土樓觀、南禪寺、人民公園、博物館等景點值得一看。於是先去名氣大的塔爾寺。上午，天氣晴好，在火車站乘坐直達塔爾寺的公車前往，很方便。

　　塔爾寺位於西寧西南 25 公里的湟中縣魯沙爾鎮西南的蓮花山中，是藏傳佛教格魯派創始人宗喀巴大師的誕生地。它與西藏的甘丹寺、哲蚌寺、色拉寺、扎什倫布寺和甘肅的拉卜楞寺並稱中國藏傳佛教格魯派六大寺院，迄今已有 640 多年的歷史。

　　寺院坐落在山坳中，占地 600 多畝。從大門進去是一片開闊地，兩面各有一排紫銅轉經筒，中央是連排的八寶如意佛塔。一條主路貫穿其中，兩邊有多條小道連著各個殿堂、院落，其中大小金瓦殿、金剛殿、花寺最為著名，威嚴壯觀，令人讚嘆。要看完整個寺院，猜想得一兩天工夫。

　　透過大門遠眺八寶如意塔及大殿，看出寺院整體布局嚴謹、富麗堂皇

地點：西寧塔爾寺 相機：佳能 G10 ISO 速度：100 曝光：1/60 秒 光圈：5.6
焦距：96 毫米 曝光補償：-0.3

　　我對宗教事務不太熟悉，但對宗教建築和宗教藝術非常欣賞。以前去過各地的不少寺廟殿堂，別人是祈禱許願，自己是欣賞它們的藝術風格，如建築、雕塑、壁畫、圖案等。人們可以不接受宗教理念，但絕不能排斥和拒絕宗教藝術。記得建築大師梁思成對佛教建築給予過很高的評價：「佛教建築豐富了整個中國的風景線。有許多著名的佛教寺院都是選擇在著名風景區建造起來的。原來美好的風景區，有了這些寺塔，就更加美麗幽雅，它本身除了宣揚佛法之外，同時也吸引遊人特別是許多詩人畫家，為無數的詩人畫家提供了創作靈感……佛教以及它的建築對於中國文化，對於中國的藝術創作，對於中國人民的精神生活，都有巨大的影響，巨大的貢獻。」這段話概括得既精闢，也很深刻。

塔爾寺三座佛塔形式的大門與轉經筒
地點：西寧塔爾寺　相機：佳能 G10　ISO 速度：100　曝光：1/60 秒　光圈：4.5
焦距：28 毫米　曝光補償：-0.3

國外友好團體贈送的鎏金象安放在一處醒目位置，在陽光下熠熠生輝

地點：西寧塔爾寺 相機：佳能 G10 ISO 速度：100 曝光：1/400 秒 光圈：5.6
焦距：40 毫米 曝光補償：-0.7

用攝影方式來表現宗教建築藝術不是一件容易的事。以前拍寺院照片時要麼路過，要麼大批人合影留念，急匆匆的，沒拍到過像樣的照片。這次出行不那麼著急了，可帶的又是佳能 G10 小相機，有點簡陋。以往使用單眼相機時多習慣於手動，光圈、快門速度、感光度自己定，調焦、對焦手工操作，這樣拍出來的照片個性化味道濃些。這次小相機基本功能是自動的，不需要調，也好，方便、省事。由於 G10 相機光圈是 f2.8 ~ f8、快門速度是 15 秒 ~ 1/4000 秒，焦距是 6.1 ~ 30.5mm（數碼），相當於 35mm 相機 28 ~ 140mm，光圈模式少，快門模式多，所以就選用自動模式的光圈優先，光圈晴天就用 f8，陰天、傍晚就用 f5.6

或 f4，這樣光圈變動不大，速度就隨著光線條件變化作自動調節。白平衡用自動，感光度基本用 100，傍晚時用 200。根據以往的經驗，小數位相機感光度不能高了，否則照片顆粒容易粗，影響效果。

在藏區拍照片與內地是有區別的，主要是要尊重藏胞的習慣和意願。塔爾寺的八寶如意佛塔排列整齊，色調典雅，是寺院中地標性景觀，有拍照價值。我在這裡駐足時間最長，看到了磕長頭的朝聖者、年長的僧人和牽兒攜女的婦人。拍了幾張感覺平淡，就慢慢地朝寺院裡面走去，拍點小景，然後又回到八寶如意塔附近坐下休息。

太陽漸漸落山，淡淡的餘暉映照天穹，一輪明月升到了人們的視野裡。我漫不經心地看著那些不停地圍著八寶如意佛塔轉經的朝聖者，便把相機調整好放在腿上，守株待兔似的等待拍照時機。一會兒，一個年輕僧人從左前方大步走來，此時我把右手大拇指悄悄放在快門上，相機仍放在腿上，看不出是在拍照，待僧人走到合適位置時，趕緊按下快門。這是此次出行盲拍的第一張照片，回放看了一下，感覺不錯，心裡油然而生美滋滋的味道，這也是很多攝影愛好者都常經歷的一種美好體驗。沒想到，從這一張開始，盲拍攝影不斷伴隨著以後的行程。

行走匆匆的年輕僧人，為靜謐的寺院平添了幾分神祕

地點：西寧塔爾寺 相機：佳能 G10 ISO 速度：100 曝光：1/60 秒 光圈：8
焦距：40 毫米 曝光補償：-0.3 拍攝方式：盲拍

　　盲拍攝影是常用的一種抓拍技巧，尤其新聞攝影中使用較為普遍，在人多擁擠、場面大、事態變化快的情況下，往往來不及用眼睛取景或無法取景，只能將相機高高舉起，對著目標不停地按快門，這也是很多場合不得已使用的方法。拍照的成功與否，完全取決於每個人對所拍景物的心理把握、技巧熟練程度及景物的變化情況。一般說來，盲拍的成功率較正常拍照要低很多。

3. 古老土樓觀

　　天氣晴好，遊覽了另一景點土樓觀（又稱北禪寺）。從火車
站乘公車前往，下車後又乘摩托車的走了一公里的小路才到了寺
院門口。資料上介紹，門票 10 元人民幣，結果沒人售票，也沒人
收票。

立體式發展為現代化新西寧拓展了飛躍的空間。

地點：西寧土樓觀 相機：佳能 G10 ISO 速度：100 曝光：1/500 秒 光圈：8

焦距：55 毫米 曝光補償：-0.3

　　整個寺院依山而建，建築分為低、中、高三個層次。低層的建在山腳下，中層的建在山坡上，最高層建在半山腰為懸空狀態，有廊、亭相接，為木質結構，綿延百餘公尺，巍巍壯觀。它是青海最早的宗教建築，也是中國第二大懸空寺，始建於北魏明帝年間，距今已有一千多年的歷史。北山也叫土樓山，北魏酈道元人民幣的《水經注》中曾就此山描述過：「樓北依山原，峰高三百尺，有若削成。」山雖不高，但山體猶如刀削斧砍，幾乎垂直於地面。岩石層次鮮明，丹霞紫紅色別具一格。由於長年洪水沖刷、風剝雨蝕的緣故，岩層自然形成了各式各樣的圖案，比如在最高層建築上方，就凸顯出一碩大岩石像一尊佛頭像。當地也盛傳有緣者看著是佛、無緣者看著是崖的說法。

建在岩石上的長廊蜿蜒曲折、深感險要

地點：西寧土樓觀相機：佳能 G10 ISO 速度：100 曝光：1/125 秒 光圈：8

焦距：28 毫米 曝光補償：-0.3

　　土樓觀是一個很有意思的地方，先是佛教聖地。東漢時期為聖賢寺，是佛教活動之地。傳文成公主、金成公主入蕃時，曾在此燒香、拜佛。但明清以來，不斷有道士駐山，一些洞窟和殿宇便染上了道教色彩，成為佛、道並存的場所，後定名土樓觀，歸屬道教管理。走在山坡的小道向上望去，紫紅色的丹霞岩石層層疊疊，長廊和殿堂也像鑲在崖石中，蜿蜒曲折，綿延向前。看著這些懸在崖石上的建築，不禁引起一些聯想，這麼好的樓閣為什麼不建在平地上？山崖下面就是大片的開闊地，何況在山崖蓋房子困難很大，既費錢、費事，又費時、費工。最終為了什麼？是為清心靜養，避開世俗塵囂；還是為遠離社會，躲避戰火紛爭；或為攀高望遠，彰顯寺院威嚴等，一時不得知曉。但我堅信一點，就是當時之所以把寺院建在山崖上，肯定不是盲目草率的決定，而是經過了深思熟慮的科學決斷，古人的想法有時比現代人複雜得多。不管怎樣，懸空寺給世人留下了難得的物質、精神遺產，這是萬分珍貴的。

寺院大門上方能清晰看到山崖上的佛頭像

地點：西寧土樓觀　相機：佳能 G10　ISO 速度：100　曝光：1/400 秒　光圈：5

焦距：72 毫米　曝光補償：-0.3

　　大門內右側有一石碑，上刻有 400 多字《土樓觀賦》，很精彩。其中一段賦文是：

　　土樓之墟，脈承崑崙。堪輿勢呈龍，遙相呼南鳳。陰陽合而五氣騰，神工削而丹霞聳。……陟巔天地間，壯麗山河錦繡城。道光無量照十方，玄門常住輝三界。神得一以靈，觀得一以隆，人得一以正。觀因信眾而更新，信眾緣觀而圓功。妙哉華觀！……

4. 壯觀天地間

　　土樓觀有這麼悠久的歷史、豐富的內涵和美妙的景色，肯定會激發起參觀者的熱情和拍照慾望的。以前我沒見過懸空寺，所以當看到此處景時，心情很是激動。但遙望半山腰的建築，看著至少一百多階的長長階梯，有點望而卻步了，便坐下來休息。

　　院內遊人不多，非常安靜。山坡上的植被大部分葉子漸黃或者變紅，色彩斑斕，賞心悅目。不由想起了古人描寫秋天的著名詩句：「樹樹皆秋色，山山唯落暉。」「山明水淨夜來霜，數樹深紅出淺黃。」

　　遠眺山崖，看到紫紅色的岩石和上面的懸空樓閣時，感到真誘惑人啊！開始擔心腿疼上不去，但又一想，懸空寺全國少有，這又是自己平生第一次見到此景，不上去看看真對不起這次旅行，也對不起隨身帶的小相機。休息了很長時間，日光浴的感覺很舒坦，身上從外到裡都暖烘烘的。此時，腦子裡還在為上與不上的念頭不斷爭執著，最後還是決定上，不趕時間，以最慢的速度上。喝了幾口葡萄糖水，提提精神。上臺階時，一步化作兩步走，疼痛嚴重的右腿始終不彎曲，由左腿抬上去，而且動作非常緩慢。上臺階時不時回過身來眺望一下遠處，隨著視線抬高，眼前的景色也發生著變化，越高越迷人，這時也對「欲窮千里目，更上一層樓。」詩句有了更深刻的感受和理解。

拾級而上，人們的視野抬高了、變寬了

地點：西寧土樓觀相機：佳能 G10 ISO速度：100 曝光：1/200 秒 光圈：8

焦距：28 毫米 曝光補償：-0.3

　　接近正午，陽光普照大地。登高望遠，一個蒸蒸日上、日新月異的新西寧呈現在眼前。高樓林立，道路如織，車水馬龍，一覽無餘，與下面看到的景緻判若兩地。站在懸空的樓閣中，看著朱紅的柱子、彩色的梁檁，猛然覺得面前像是佇立著幾位慈祥可親的老者、通貫天地古今的聖者、學識淵博的大師，他們像是頻頻對我訴說著什麼⋯⋯這就是宗教建築的魅力、宗教藝術的魅力、宗教文化的魅力。此時此刻我心存敬仰之情，不免思緒萬千，感悟多多：

　　　千年古剎
　　　屢遭磨難
　　　倖存盛世
　　　屹立丹崖而不倒
　　　與時俱進而不衰
　　　香火裊裊而不斷
　　　閱盡人間冷暖世態炎涼
　　　縱觀青海大地滄桑巨變
　　　圓滿善男信女心靈祈願
　　　盼——
　　　樓觀永守青藏端
　　　與山川江河共存
　　　與日月星辰同輝
　　　與萬物生靈結伴

透過古老的長廊，看到了一個日新月異的新西寧

地點：西寧土樓觀　相機：佳能 G10　ISO 速度：100　曝光：1/200 秒　光圈：8

焦距：28 毫米　曝光補償：-0.3

　　俗話說：有高度才有廣度。此時腳下的海拔比西寧市區高出約 200 公尺，鳥瞰大地，視線遠闊，這對攝影人來說非常利好。景物層次豐富，透視感強，近、中、遠景易選擇。在構圖中，我儘量把古老建築與現代建築結合在一起，使它們相互照應，相互襯托，相得益彰。就是有點費事，來來回回、高高低低地選擇角度。好在沒有旁人影響，也不用等時機，畫面乾淨利落。要是在其他一些旅遊景區就不同了，人滿為患，到處是人頭鑽動、摩肩接踵，想拍一張理想的風景照片難的很，照出來盡是紀念照、大合影。拍著拍著覺得，此次遊土樓觀能碰上這麼靜謐的優雅環境真是幸運。靜本身就是一種境界、一種氛圍。「香來清靜裡，韻在寂寥

時。」我很欣賞這兩句詩中所描述的那份安逸、寂靜的環境，以及透過這種環境所折射出的韻味來。

千年的廊框，鑲嵌在蒸蒸日上的大地上，一個精美的組合

地點：西寧土樓觀　相機：佳能 G10　ISO 速度：100　曝光：1/800 秒　光圈：8

焦距：28 毫米　曝光補償：-0.3

　　心情好了，靈感也隨之而來。猛然發現一處絕妙的景象若隱若現，一個形象逼真的觀音頭像，只一個角度能看到，換個角度就不成了。是巧合嗎？這座山已有一個佛頭像了，如果說佛頭像是天造地設公開的，誰都看得見，那麼這個觀音頭像就是自然天成隱形的，只能在一個特定的時間、光線、角度條件下才有幸瞻其尊容。宗教講「心誠則靈」，難道這個小小的發現是對自己真誠的回報嗎？不管怎樣，影像記錄下來了，確實是客觀存在。大自然中的奧妙總是超出人們的想像，隨時隨地都有可能表現出它那神奇、神祕和神聖的一瞬。

崖上顯出自然端莊的觀音頭像，的確讓人感到驚奇

地點：西寧土樓觀　相機：佳能 G10　ISO 速度：100　曝光：1/125 秒　光圈：8

焦距：28 毫米　曝光補償：-0.3

　　遺憾的是，高處三分之二的長廊、亭樓和下面有的殿堂正在修繕，不讓觀看，這次好多景點沒能欣賞到。山上九個洞也只開放了一個，洞窟很小，與敦煌莫高窟相比規模差得很遠。七真洞中雕塑展示著幾位仙人的形象，塑像有點像老的，色彩像是新繪的。但還是原汁原味的好，舊就舊，破就破，這樣更顯古樸、真實。

　　山崖洞窟中的人物塑像栩栩如生

地點：西寧土樓觀　相機：佳能 G10　ISO 速度：100　曝光：1/60 秒　光圈：5
焦距：28 毫米　曝光補償：-0.3　閃光燈：開啟

　　很快半天過去了，能看的地方都看了，於是下山。走著走著發現靠院牆西側還有纜車，打聽後才知這是通往山頂寧壽塔的，

遊客少，纜車沒開。回去時走的是西側迂迴下去的小道，比正面的臺階省力些。途中遇到了仙姑獻花塑像，造型優美，漢白玉潔淨滑潤，位置擺放也很合適。在小路的彎道處，上上下下都能看清楚，仰望時又能看到山崖上的佛頭像，說明當時在位置的選定上是下了一番功夫的。仔細看，發現塑像不像老的，雖好看漂亮，但欠點神韻，作為一般藝術品欣賞足矣。神韻的表達是所有藝術品較高的審美標準，在其尺度的把握上，是需要深厚藝術功底的，要在長期的藝術實踐中不斷探索、提高，不是一朝一夕能實現的。

仙姑獻花的雕塑楚楚而立，其上方就是山崖上的佛頭像

地點：西寧土樓觀 相機：佳能 G10 ISO 速度：100 曝光速度：1/500 秒

光圈：5 焦距：50 毫米 曝光補償：-0.3

　　欣賞完雕塑繼續往下走，不時回過頭來再仰望一下高處的懸
空樓閣，依然感到那麼雄偉壯麗。出了寺院大門，又舉起相機，
拍了幾張山崖的照片。真是個看不夠的好地方，要感謝一千多年
前那些遠見卓識、慧眼獨具的聖賢大師們，選擇了這麼一個絕妙
之地修建寺廟。

5. 遊人民公園

進入公園內，到處是紅彤彤的景觀大道

地點：西寧人民公園 相機：佳能 G10　ISO 速度：100　曝光：1/60 秒　光圈：7.1
焦距：28 毫米　曝光補償：-0.3

　　上午，去了市內最大的公園——人民公園，從火車站有直達
的公車。進大門後就感到一派喜慶的氣氛，鮮艷的紅傘鋪天蓋地。

門樓是用傘綁的，各個柱子也是用大小不一的傘裝飾的。園內所有道路、橋樑兩旁也都是由傘一個個排列起來，到處紅彤彤的。

　　公園面積很大，像鑲嵌在西寧市區的一顆綠寶石，耀眼奪目。從園內整體布局來看，到處綠樹成蔭，湖水清澈透亮，林木花草相連，高低錯落有致，道路有寬有窄、有直有曲，富於變化。園內規劃也很巧妙，假山、小橋、長廊與彎彎曲曲的小路交織在一起，花草林木穿插其間，點綴出景緻優美的圖案來。在橋的設計上，大部分汲取了江南園林的一些元人民幣素，拱形居多。小路也多為鵝卵石、塊石鋪設，走上去腳感很好。清潔員不停地打掃著每一個角落，到處都是乾乾淨淨。

風和日麗時節，宛如平鏡的湖面呈現出江南般美景
地點：西寧人民公園　相機：佳能 G10　ISO 速度：100　曝光：1/160 秒
光圈：7.1 焦距：28 毫米　曝光補償：-0.3

金秋的色彩點綴了整個園區，節日的氣氛依舊存在

地點：西寧人民公園 相機：佳能 G10 ISO 速度：100 曝光：1/160 秒

光圈：7.1 焦距：28 毫米 曝光補償：-0.3

優美的環境，給熱愛垂釣者提供了良機

地點：西寧人民公園 相機：佳能 G10 ISO 速度：100 曝光：1/160 秒

光圈：7.1 焦距：30 毫米 曝光補償：-0.3

　　說起來天氣已是深秋季節，但這裡依然陽光明媚，沒有一絲風，可與江南水鄉相媲美。

　　園內遊人不多，有也多為上年紀的。他們有的悠閒散步，有的操拳舞劍，有的體育鍛鍊，也有與我一樣背個小相機來回閒轉的。我自遊自樂，東拍西拍，身靜心靜，享受著從來沒有過的清靜時光。走著走著，看見遠處一個更得意的中年男子，在地上撐起一副羽毛球網子，自己一人打得熱火朝天。走近一看，原來他左手舉個竹竿，竿子前面系一根兩三米長的線繩，繩上拴個羽毛球。這樣球被打出去剛剛過網，就會被繩子拽了回來，然後再打出去又被拽回來，循環往復。這人真有高招、挺智慧的。

　　罕見的羽毛球獨打運動員，執著又有創意

地點：西寧人民公園　相機：佳能 G10　ISO 速度：100　曝光：1/125 秒　光圈：7.1

焦距：32 毫米　曝光補償：-0.3

在西寧度過了三天，感覺過得很快，也很適應。遊覽了三個不同歷史年代的著名景區，收穫不小。聽介紹，西寧還有很多好看、好玩的地方，像青海省博物館、西路軍紀念館、東關清真大寺、南禪寺、植物園等等。

上午去公園前，就先到火車站瞭解去格爾木的車次，最後選擇西寧──格爾木的一趟慢車，早上 7：50 發車，晚上 20：20 到達，基本上在整個白天運行，非常適合飽覽沿途的風光。買票的人不多，選了個臥鋪下鋪。這次旅途最大的奢求，就是在青藏線上乘車，一要白天、二要慢車、三要臥鋪下鋪，沒想到這個奢望很容易就實現了。

交通提示：到拉薩的鐵路客運，已有北京、上海、廣州、成都、重慶、蘭州、西寧等七個城市開通了直達列車。除北京外，其他城市都是隔日開行，旅遊旺季時，西寧加開一趟去拉薩的列車。北京──西寧臥鋪下鋪 455 元人民幣。西寧──格爾木慢車臥鋪下鋪 104 元人民幣。西寧市區公車上車 1 元人民幣，自行投幣。遠郊縣公車 3 ～ 5 元人民幣不等。計程車市內一般 10 元人民幣，遠程計價付費。西寧市區公車線路較多，基本不擁擠。

住宿提示：市區三星級以上旅館很多，客房價格不菲，一般旅館標準客房價格在 100 元人民幣上下。各行業旅館、招待所價格略低些。各個旅館、招待所的房間條件差別較大。遊客選擇旅館重點要保證安全、乾淨、方便和設施齊全，儘量先看好房間再登記。

消費提示：當地飯店、餐廳很多，大體分為本地風味、川味、其他南方風味三類，高、中、低階都有。大部分菜餚口味偏重，個別南方風味的食品清淡些，價格適中，經濟實惠。高原氣候比較乾燥，易上火體質的人，儘量少吃過於辛辣熱性食物。副食種類較齊全，尤其是優酪乳供應充足，新鮮味正，物美價廉，超市和副食店都有賣的。

市區名牌店很多，商品豐富，價格適中。地方特色商品種類繁多，如購買需細心選，價格比較便宜。工藝品及古董的品質不易鑑別，購買需謹慎。崑崙玉種類多，一般的價格適中，品相好、雕工好的價格不菲。

健康提示：一般海拔 2000 公尺上下的地區，對個人的日常生活影響不大。如果爬山、重體力活動時，會有高原反應。我到西寧後，購買了紅景天膠囊（20 元人民幣 1 瓶）、抗感冒膠囊（一板 24 片，1 元人民幣 1 板）、葡萄糖粉（5 元人民幣 1 袋）等。每天三次按時服紅景天膠囊，常喝葡萄糖粉水，此間沒什麼不良反應。

攝影提示：西寧天氣晴好，光線充足，尤其是拍大場景時，曝光要欠 0.5 ～ 1 檔，否則高光部分容易曝光過度（也稱疵光）。景物曝光過度後，影像層次、色彩會損失很多，而且後期無法補救。數位相機尤其是數碼小相機的最大缺陷，就是對被攝物體的最亮部、最暗部表現差些。

第二章

循序漸進義無反顧

格爾木→青海湖→「將軍樓」公園

早上7時50分，7581次列車從西寧站出發，前往終點站格爾木（海拔2850公尺）。這是一趟很慢的列車，逢站必停，全程820公里，運行12個小時30分鐘，這對旅客觀光來說很有意義。列車開出西寧後，行駛在大通山下，基本上圍著青海湖（海拔3200公尺）轉了少半個圈，由於地勢稍高，是觀賞青海湖和附近牧場的絕佳角度。遠離青海湖後，穿越青海南山（海拔3800公尺），過關角山隧道，可以看到盤旋下行的公路和鐵路。然後海拔高度急促降低，列車駛入柴達木盆地。

晚上20時20分到達格爾木站。這裡天氣晴朗，溫度比西寧稍低。主要遊覽了市內的「將軍樓」公園和市中心區。格爾木城市給人的印像是地廣人稀、馬路順暢、生活方便。在格爾木停留了2個白天、3個夜晚。21日購買了23日去拉薩的T165次臥鋪票。

1. 秀美青海湖

　　一大早，車站行人熙熙攘攘，廣場中心的馬踏飛燕雕塑在陽光的照耀下，特別引人矚目。進站後看到較陳舊又簡易的車廂，感到很新鮮，因為很長時間沒坐過這種慢車了。7 時 50 分，7581 次列車離開了西寧火車站。朝窗外望去，只見路旁一個接一個的橋墩正在急迫施工中，聽別的旅客講，這是修建高速鐵路。看方向是通向格爾木和拉薩的，現在有能力修青藏高鐵嗎？可能是進藏的高速公路吧。

在爬坡的火車上，可俯瞰金色的草原、潔白的羊群
地點：海東山地 相機：佳能 G10 ISO 速度：100 曝光：1/200 秒 光圈：8
焦距：30 毫米 曝光補償：-0.3 拍攝方式：車窗開啟

　　列車行駛七八十公里，就到了青海湖（海拔 3200 公尺）區域。青海湖為內陸湖泊，也是中國最大的鹹水湖，面積 4300 多平方公里，海拔比西寧城區高出近千公尺。青海湖四面環山，東面是日月山，西、南面是橡皮山和青海南山，北面是大通山，四座大山猶如四道屏障，將青海湖呵護其中，高山長年無私地提供著充沛的水源。湖水湛藍純淨，湖畔植被茂盛，是大西北有名的牧場，也是各種飛鳥的天然棲息地，著名的鳥島就在青海湖上。

　　聽說每年的八、九月份，青海湖周圍大面積的油菜花盛開，遍地金黃，成為高原上一道不多見的、絢麗多彩的風景線。圍著青海湖周邊建有一條高速公路，長約 400 公里，很多地方離湖水很近，風景相當美麗。如果有什麼奢望的話，就是自駕車環遊青海湖，那將是再爽不過的了。體育界著名的環青海湖國際公路自行車比賽每年七月份都在這裡舉行，已辦過好幾屆，規模越來越大，參加的人也越來越多，熱鬧非凡。現在看來，青海湖不僅是青海省一張閃光秀麗的名片，而且還是加快全省經濟發展的一個新亮點。

一片祥雲為秀美的青海湖增光添彩

地點：青海湖 相機：佳能 G10 ISO 速 度：100 曝光：1/600 秒 光圈：6.3

焦距：100 毫米 曝光補償：-0.3 拍攝方式：車窗開啟

看到延綿的雪山和犛牛、羊群享受的牧場以及湛藍的湖水，
才真正領略到了高原的壯麗景色

地點：青海湖 相機：佳能 G10 ISO 速度：100 曝光：1/300 秒光圈：7.1

焦距：100 毫米 曝光補償：-0.3 拍攝方式：車窗開啟

　　從地圖上看青海湖，呈現出一個偏橢圓的形狀，鐵路靠著湖一側修建。約幾十公里長的路程中，旅客都能斷斷續續看見湖面，這對於從沒到過青海湖的人來說，自然會激起一份衝動。記得出發之前有朋友提醒我，去西寧一定要到青海湖看看，那是個最值得遊覽的地方。想不到沒專門去看青海湖，竟坐在火車上遊覽了，不免興奮起來。為此拿出相機，拍了幾張。湖水夢幻一樣的藍，雲似窈窕的少女寧靜而舒緩，山像橫臥著的舞蹈演員，體型優美流暢。金燦燦的草地宛若一層毛茸茸的毯子亮晶晶的，潔白的羊群在上面盡情地享受著。遙遠有節奏的峰影如夢如幻，隱現在雲水深處，玲瓏的像神話中的仙境。

　　青海湖有火車站，但離湖水遠些，如旅遊下車後還要乘車前往湖邊才行。火車像一個紳士，慢悠悠地圍著青海湖這個舞伴轉著，我不失時機地忙著拍照。像這種拍法自己還是第一次，以前旅行中拍幾張就行了。沒想到青海湖景色這麼迷人，有一種讓你不拍不行、拍少了也不行的慾望。「在與美邂逅的那一刻，我們會有一種強烈的衝動，就是一種握住它不放的渴望：將它占為己有，並使它成為自己生命中舉足輕重的一部分。」（阿蘭·德波頓，《旅行的藝術》）

在火車上欣賞青海湖，無意中拍到了禁「停」的標牌

地點：青海湖 相機：佳能 G10 ISO 速度：100 曝光：1/300 秒光圈：7.1
焦距：100 毫米 曝光補償：-0.3 拍攝方式：車窗開啟

　　在火車上拍照最大的優勢就是角度高，因路基比平地高出很多，居高臨下，有俯視效果，這樣水面就顯得更寬闊一些。這趟列車速度慢，也有助於我細心觀察、品味秀美的景色。這張照片拍的時候不知道，拍完才發現在左下角將一個不準停車的警示牌拍了進去，虛虛乎乎的警示牌顯示出了列車的速度，無意中交代了拍照所處的位置，有點巧合。遠處的雪山在陽光的照射下閃閃發光，像是對我們頻頻招手，美麗的青海湖猶如一條藍色的真絲緞帶，系在雪山的腰際上，增添了雪山的美感。金色的草地和流動的羊群，也在不斷地向人們講述著青海湖遠古的傳說和美妙故事。

　　這趟慢車設施比較簡陋，車內沒有供氧設備，聽說一會兒還要經過海拔3000多公尺的山區，不知能否適應。也正是這種簡陋，在某些方面成全了我們這些攝影愛好者。車廂兩頭的窗戶可以打開，手舉著相機能伸出窗外拍照，極為方便。車速不算太快，風吹得也不厲害，相機容易托穩。

　　就這樣，青海湖在人們的視線裡時隱時現，手中的相機也時端時放。從開始看見青海湖到慢慢離開它，大約持續了一個多小時。列車本來是由東向西行駛的，在快要告別青海湖的時候，向西南轉了個彎，這時離湖水更近了，湖面顯得無比寬闊，在太陽光的映照下波光粼粼，還能看見聳立在湖邊上的經幡桿子，一條條五彩斑斕的經幡迎風招展，為青海湖增添了不少看點。

　　在旅客們大飽眼福之後，火車漸漸離青海湖遠去了。

　　聳立的五彩經幡，為青海湖裝點秀色、送去吉祥

地點：青海湖　相機：佳能 G10　ISO速度：100　曝光：1/800 秒　光圈：7.1
焦距：100 毫米　曝光補償：-0.3　拍攝方式：車窗開啟

2. 遼闊柴達木

　　火車繼續緩慢爬升，從西寧的海拔 2280 公尺，到了青海湖的海拔 3200 公尺，接著又一鼓作氣，向青海南山 3800 公尺高度的地方挺進。人到了高海拔地區會因缺氧，渾身無力。火車、汽車也是這樣，像 3300 馬力的內燃機機車，到了海拔 4000 公尺地方，功率下降 30%，就相當於 2300 馬力了。當時，青藏鐵路通車貨運試運行時，就出現過 5 臺機車車頭拉一列火車的情況。後來中國研製出了高原機車和引進美式機車，每列火車仍需 2 ~ 3 個車頭牽引才行。高原缺氧就像一個巨大的隱形魔影，看不見摸不到，任何需要氧氣的物質，都逃脫不掉它的魔掌。聽說青藏鐵路西寧至格爾木段正在進行電氣化改造，等竣工了，電力機車就再也不懼怕高原缺氧這個魔鬼了。

　　列車很快到了關角山隧道。這是西寧——格爾木線中海拔最高、最艱難的路段，20 世紀 70 年代由當時的鐵道兵修建，海拔高度接近 4000 公尺。聽一個旅客講，現在的隧道坡度大、彎道多，很快就要退出歷史舞臺了。在它旁邊又新開闢了一條長達 30 多公里比較直的隧道，馬上就要完工，以取代老隧道。鐵路出關角山隧道後，高度急速下降，連續幾個「之」字形彎道，10 公里遠的直線距離，列車要回轉 30 公里才到達，海拔突然降幾百公尺，然後進入柴達木盆地。盆地是一片 25 萬平方公里的遼闊戈壁，海拔 2700 公尺上下，格爾木市就位於柴達木盆地的西南角。這地方荒涼乾旱，寸草不生，但大自然也不虧待這裡，據說已探勘出儲量可觀的石油、天然氣、湖鹽等礦藏，已成為不可多得的寶地了。

高原上硬朗的光，處處為大地造型

地點：青海南山 相機：佳能 G10 ISO 速度：100 曝光：1/800 秒 光圈：7.1
焦距：65 毫米 曝光補償：-0.3 拍攝方式：車窗開啟

「西北崆峒山勢雄，千年境界尚鴻濛。靈泉潤引崑崙滴，灝
氣光含青海風。」正像古詩《登崆峒》中描繪的那樣，高原的山
別具一格。紫銅色像是經過爐火鍛造過一般，顯得剛硬、粗獷，
有稜有角。記得當年攝影班上孫美蘭教授講過一句話：「在攝影
用光上，一定要能理解『光是色的母親，色是光的兒子』的內在
含義。」這句話也可引申為光是形的母親，形是光的兒子。光影
在高原上表現的那麼巧妙和神奇，光影的明與暗又是那麼和諧、
勻稱。光不僅是攝影的生命，還是攝影的靈魂。不難發現，在青
藏高原上光是雄霸一方的，它的威力和作用要比其他地方大得多，
可能是海拔高、空氣通透的因素，造就了光的這種特有的性格和

脾氣。攝影非常需要這種霸氣十足、性格鮮明的光，所以在每每欣賞到一些攝影名家拍攝光影獨特的青藏作品時，都能感受出有一種大氣、豪氣、雄氣在裡面，並能領略到一種震天鑠地的力量。

　　青藏線上，大部分鐵路、公路地段都是這樣纏綿相伴、形影不離
地點：青海南山　相機：佳能 G10 ISO 速度：100　曝光：1/800 秒　光圈：7.1
焦距：60 毫米　曝光補償：-0.7　拍攝方式：車窗開啟

　　以往從列車上瞭望窗外風景，大多是沒有規則又顯得凌亂，但青藏線上看到的風景簡約、有序，很吸引人的眼球。以線條為例，路上很多景色的線條清晰明朗，什麼直的、斜的、彎曲的，妙不可言。我們知道，在攝影構圖中 S 曲線最為優美。S 曲線在青藏線上是常遇到的，這張照片不僅是 S 曲線，而且還是雙的。在車上拍照片，稍縱即逝，好景很容易錯過。一定要多拍，增大選擇餘地，這樣才能確保抓到精彩瞬間。

傍晚時分，看到鐵路兩旁很多鹽湖灘地和加工廠，代表著格爾木就要到了。

3. 面積最大的城市

天漸漸暗了，列車繼續行進著。忽見前方燈火通明，格爾木真的到了。臥鋪對面是一個在西安上大學剛畢業回家的年輕人，他講在西寧、西安等地方生活很不習慣，都是人多路窄，擁擠不堪，不像格爾木那樣道路寬暢，出行沒有擁擠，購物不用排隊，人們會感到很舒服。他父親原是湖南人，20 世紀 80 年代到格爾木礦山工作。他是在格爾木出生的，地道的本地人，聽他話的意思，他已經習慣並喜歡上這個地方了。

20 時 20 分，到達格爾木站。格爾木為蒙語，意思是「河流密布的地方」。海拔高度 2850 公尺，市區平坦開闊，南面有一崑崙山支脈橫臥，發源於崑崙山脈的格爾木河沿城邊流過，格爾木轄區總面積 12.5 萬平方公里，比內地有些省的面積還大。這麼大面積的城市在國內外罕見，但人口約 20 萬，又算個小城市。不過其戰略地位十分顯赫，是青海第二大城市，又是青藏線、新（疆）青線、甘（肅）青線三條交通大動脈的彙集點、重要支點和物資集散地。五十多年前，這裡還只是除了地名什麼也沒有的地方，因此這裡不存在原住居民，都是全國各地五湖四海遷移過來的，典型的移民城市。

細心觀察，發現「大」是格爾木城市的顯著特點。一是火車站大，雖不高但很長；車站廣場大，與西寧車站廣場面積不差上下。二是馬路筆直寬大，一般都是雙向四車道或六車道，綠化很好，樹木聯排，枝繁葉茂，在這裡從沒有堵車的情況。三是商店大，我凡去過的商場、超市、藥店、眼鏡店、飯店等等，發現面積比外地同等規模的大。四是旅店房間大，先後住了幾家，都是這樣，很舒適。

市區公共交通比較方便，我住在車站旁邊，出去坐公車、計程車都很便捷，車多人少。聽說格爾木要申報省轄市，加快現代化城市發展步伐，很值得期待。格爾木的優勢很多，但劣勢也明顯，就是氣候一般人不太習慣，風沙較大。我去時氣候算是比較好的，仍遭遇過一次短暫的狂風大作、沙塵瀰漫天氣。

4.「慕將軍」傳奇

青藏公路的修建和格爾木的發展，與一個人密切相關，他就是有著「青藏公路之父」稱謂的原西北局西藏運輸總隊政委慕生忠將軍。他和他那個群體修建青藏公路的感人事蹟，在格爾木是家喻戶曉、婦孺皆知。

上午，我懷著崇敬的心情，慕名前往「將軍樓」公園遊覽。一聽名字就知道這是個主題公園，主要是紀念青藏公路築路英雄的。公園坐落在市區西北角，大門寬敞，園內綠化很好，林木高大，至少幾十年樹齡了，也有一些新栽的樹木和花草以及新修的小橋

流水。公園一角，還建有一座很像樣的青藏公路博物館，造型新穎別緻。

　　進園後就見一座大型青藏公路建設者群體的塑像，由紫褐色的花崗岩雕制，後面是一個高大聳立的紀念塔，不銹鋼材質，有20多公尺高，在陽光下熠熠閃光，雄偉壯觀。上方鑲嵌著兩個像徵飛翔的紅色翅膀，頌揚著當年築路英雄們的崇高的革命理想和大無畏革命精神，顯示他們的衝天幹勁。紀念塔下方是一塊碩大的、橫鋪在地上的不銹鋼青藏高原地圖。上面清晰鐫刻著青藏公路的走向，包括所經過的地理名稱、海拔高度、方向等。人們可以走在上面仔細觀察、細心品味，稱得上是一個展示青藏公路的鮮活教材。這組雕塑創意上堪稱絕妙，材質上也數一流，製作工藝上更是精美絕倫。其規模和氣勢在國內一般城市中不多見，這也吻合了前面提到的格爾木城市「大」的特點。

　　公園中央處，聳立著慕生忠將軍和築路者的雕像。雕像是用整塊花崗岩雕成的，高大挺直。下方築路者是用黑色的合金鋼製成的，形態逼真，栩栩如生，很有力量感。我以前看到過慕將軍的事蹟，此時站在雕像前，久久沒有離去，心中不由又回想起那個讓人敬佩不已的英雄群體和那段光輝燦爛的築路歷史……

群雕「築路忠魂」昭示著英雄們英名永存、百世流芳

地點：格爾木將軍樓公園 相機：佳能 G10 ISO 速度：100 曝光：1/1000 秒

光圈：5.6 焦距：30 毫米 曝光補償：-0.7

「青藏公路之父」慕生忠將軍的塑像，永遠屹立在青藏高原
上

地點：格爾木將軍樓公園 相機：佳能 G10 ISO速度：100 曝光：1/1600 秒

光圈：5.6 焦距：100 毫米 曝光補償：-0.7

　20 世紀 50 年代初，西藏沒有一條可通汽車的公路，進藏部隊又迫切需要物資給養，時任西藏運輸總隊政委的慕生忠為此心急如焚。心想，光靠人和駱駝運送物資是絕對完不成任務的，必須盡快修一條像樣的公路才行。為此，慕將軍親自到北京向國家機關申請修建青藏公路。後又托老首長彭德懷元人民幣帥將申請報告轉呈周恩來總理。總理特批了，但僅有 30 萬元人民幣資金，彭總又從軍隊調撥了 10 輛卡車、1000 把十字鎬和鐵鍬。

　慕將軍就這樣帶領著一兩千名民工和部隊官兵，在沒有大型工程機械、工程技術人員和資料、經驗的情況下，憑著大無畏革命精神和衝天革命幹勁，開始了修建青藏公路的曠世偉業。當到了一處荒野，有人問哪是格爾木時，慕生忠手舉鐵鍬往地上一插，吼道：「這裡就是格爾木。」從此，格爾木不但有名字，而且有了具體地點。慕將軍以前來過這裡，也看中了這裡依山傍水，是個生活的好地方。他們在此安營紮寨，開墾了幾十畝菜園，使這個沉睡了億萬年的荒灘戈壁從此有了綠色和生機。從格爾木到拉薩，全長約 1200 公里，其中近 1000 公里都是海拔 4000 公尺以上，是整個青藏公路最艱難地段。地圖上很多地方都是空白，慕將軍邊修路邊給它們起名字，什麼「雪水河」、「天涯橋」、「不凍泉」、「開心嶺」……出格爾木不久，地勢開始爬升，每前進 100 公里，海拔就增高 1000 公尺，最高處接近 5000 多公尺。修路難度越來越大，但天大的困難也擋不住施工隊伍前進的步伐。1954 年 12 月 15 日，經過 7 個多月的艱苦鏖戰，青藏公路全線通車，共和國的又一個奇蹟誕生了。後來，慕生忠在北京受到了毛澤東主席的接見，這無疑是對築路大軍的最高榮譽和獎賞。

　　1994 年 10 月 18 日，84 歲高齡的慕生忠與世長辭。遵照老將軍的遺囑，家人將其骨灰分別撒向了崑崙山，撒在了青藏線，以表達慕將軍對青藏高原和青藏線的無限深情。

　　透過「鑄劍為犁」的雕塑，看到格爾木建於 50 多年前的第一座小樓——將軍樓

地點：格爾木將軍樓公園　相機：佳能 G10　ISO 速度：100　曝光：1/800 秒

光圈：5.6　焦距：80 毫米　曝光補償：-0.7

5.「將軍樓」故事

「將軍樓」公園是個有意義的遊覽場所，因園內有座名叫「將軍樓」的小樓而得名。小樓旁的這座雕塑名為「鑄劍為犁」，寓意深刻，韻味深長。其典故出自於《孔子家語·致思》中「鑄劍習以為農器」。意為將兵器鑄化為用於生產的工具，停止戰爭，和平發展經濟。透過雕塑看到的那個小樓就是「將軍樓」。小樓是用灰磚砌成的，共兩層，上下七八個房間，是當年有「青藏公路之父」稱號的慕生忠將軍下令修建的，是格爾木的第一座樓房。

原來，青藏公路修通後，慕將軍就籌劃著發展經濟，在格爾木建工廠、商店、學校、醫院、農場等。因為缺少建材，城區的房子還都是土坯房、地窩子。1956 年 10 月，時任國防部長的彭德懷元帥到西北視察，順道來格爾木看看。慕將軍心裡很清楚，當時要是沒有彭老總的關心和全力支持，哪能這麼快修通青藏公路。所以老總這次來視察，不能太受委屈了，要好好接待、好好報答，住地窩子、土坯房肯定不行。他下令趕緊在城西北角安靜的地方蓋一座小樓，供彭老總來時下榻歇息。彭老總乘飛機到達格爾木後，慕將軍就請彭老總住新蓋的兩層小樓，並解釋這是專門為老總準備的。彭老總看著小樓很不領情，說：「這小樓我不能住，不搞特殊化，你住哪我住哪。」就這樣，彭老總還是住進了慕將軍他們的磚拱窯洞裡。

因是慕將軍下令蓋的，故得名「將軍樓」。現已成為格爾木一處著名的文物保護單位了。

　　下午，到火車站買了早上發車的上海—拉薩 T165 次列車臥鋪票。晚上睡覺時暖氣意外停了，感覺被窩涼得很。第二天起床後身上有點難受，像是感冒，趕快吃藥。感冒在內地算個小病，但到了高原就會無限放大，有可能並發出很多心、肺、腦疾病來，嚴重時足以致命。休息了一段時間，身上輕鬆一些，心想不用到醫院了。然後就到旅館服務臺問退房、續房的事，順便問服務生：有點感冒乘火車去拉薩不知行不行？答覆是只要不嚴重，吃點藥就沒大問題。服務生堅定的態度像給我打了一針強心劑。她常年在這裡接待往返西藏的人，見識廣，經驗多，相信她的話不會錯。開始我為感冒猶豫過走還是留，最後還是決定義無反顧，繼續前行。

　　交通提示：格爾木在青藏線是個大站，所有進、出西藏的列車都在這裡停靠，而且時間長達 20 多分鐘。上行拉薩的到站為早上，從拉薩下行到站的為晚上，主要是方便乘客欣賞青藏線沿途風光。市內公車上車 1 元人民幣，自行投幣。計程車市內淡季 5 元人民幣、旺季 10 元人民幣。遠道如可可西里、沱沱河等地方也能去，價格高些。

住宿提示：市區星級旅館，條件好，價格較高。其他旅館價格實惠。這裡的房間大、窗戶明亮，最好先看看窗戶密封好不好，防止晚上風大漏風。還要看看電視訊號怎麼樣，電源插座靈不靈，這些方面容易出問題。

消費提示：中、低階飯店、餐廳很多，天南地北的風味都有，北方風味為主，川味也不少。川味中以砂鍋居多，普遍受顧客歡迎。一些粥店品種多、品味高，也很受歡迎。

商場大都集中在市中心區，商品豐富。一般商品價格不貴，地方特色商品種類多。尤其崑崙玉品種較多，但品相、雕工上的差異決定了價格的高低。

健康提示：從西寧出發後，經過海拔 3000 公尺的青海湖地區和海拔 3800 公尺的關角山隧道，在火車上沒有不良反應。在高原預防感冒是關鍵，生活上要考慮周到。如發現感冒症狀，立刻服藥。青海出的抗感冒膠囊非常有效，物超所值。格爾木藥店的感冒膠囊更便宜，0.9 元人民幣一板。

攝影提示：此段大部分照片是在火車上拍的，相機設定在自動模式的光圈優先上。因都是晴天、大場景，光圈定 f8，曝光減 0.5 檔左右。經常有相機伸到窗外的時候，所以注意安全。我是將相機背帶纏繞在手腕上，然後手拿著相機。在拍火車頭或車身時，無法看到取景螢幕，就只能盲拍，一般先拍幾張，看看角度怎麼樣，調整後再拍。

第三章

景觀大道美輪美奐

格爾木至拉薩途中→崑崙山脈→可可西里戈壁→唐古拉山

　　5 時 48 分，天色漆黑，上海至拉薩 T165 次列車默默地開出了格爾木站。格爾木到拉薩 1160 公里，運行 14 個小時 20 分鐘，晚上 8 時 10 分到達。車廂內溫度 22 度，感覺很舒適。連服幾次藥後，感冒症狀基本消失。列車行駛一會兒後，隱隱約約看到窗外像是灰白色的雪地，很激動。快 7 點時，已看出外面一派銀色世界的景象。取出相機到處尋找適合拍照的地方，最後發現洗手間的通氣口可將相機伸出去，不禁喜出望外。

天大亮時，外面的雪鋪天蓋地、一片潔白。看不到人，看不到地，看不到任何活動的東西，一切都像冰凍凝固了似的，可謂「千山鳥飛絕，萬徑人蹤滅」。斷斷續續拍了很多，這是自己一生中最激動、最快樂的快門釋放時刻。高原的雪時下時停，景色千變萬化，難以抑制的情緒也一陣陣高漲，此時此刻恨不得把高原的一切美景都收入相機中，痛痛快快享受一次名副其實的攝影豐盛大餐。

1. 銀色世界降臨

凌晨 4 時 20 分，被一陣溫柔的手機鈴聲驚醒。經過一晚上踏實的睡眠，身上感到輕鬆了許多，令人擔心的感冒症狀幾乎沒有了。

5 時 15 分，外面一片黑乎乎的，提前到達了車站進站口，填寫健康登記卡片，上車時交給了列車員。坐在鋪上想，今天一路都是真正的雪域高原風景了，會是什麼模樣呢？記得有本書上這樣描述：全線修建在青藏高原的青藏線風景實在有點枯燥，隨時可以閉目休息片刻，不用擔心錯過了窗外的風景。是啊，以前也看到過一些乘火車去西藏朋友途中拍的照片，比較荒涼，但有時能拍到藏羚羊和藏野驢還是很有趣。照片都是隔著玻璃拍的，效果不太理想。想著想著，火車啟動了。除了車廂外瑟瑟的風聲，車廂內一片寂靜，時而聽到輕微的呼嚕聲。

天濛濛亮時，銀色世界突然降臨

地點：崑崙山 相機：佳能 G10 ISO 速度：100 曝光：6 秒 光圈：4.5

焦距：30 毫米 曝光補償：-0.7 拍攝方式：車窗內

　　火車的速度漸漸加快，很快就到了南山口。俗話說：「過了南山口，路途步步陡。」從海拔 3000 公尺很快就爬升到 4000 多公尺。雖外面依舊漆黑一片，但我還是以一種新奇的神情向窗外望去。看著看著，發現天還沒亮，景色卻魔術般地發生了細微變化，原來是漆黑，現在發灰。猛然閃現出一個念頭：是雪。但又感覺不大可能吧！格爾木這幾天都是大晴天，沒有雨雪的跡象呀？火車急速前進著，隨著時間一分一秒地閃過，外面的景色也在悄悄地變化。由漆黑變深灰，再由深灰變淺灰，直至灰白。仔細看著，最後斷定地上是雪。雪是聖潔的代表，是高原的象徵，第一次見到高原的雪，心裡非常激動。顧不上休息了，趕忙拿出相機，

外面太暗沒法拍，只好等天亮些再拍。我這人就喜歡水，以及和水相關的雲、霧、雨、雪、冰等，這次趕上了，真是天賜良機。

　　天濛濛亮了，一個銀色的童話般世界降臨在眼前，趕緊對著車窗玻璃向外拍了幾張，一看不行，外面雖有影，但玻璃上也有車內燈光的反射，效果不好。立刻起來前後溜躂，看看有沒有可以打開的車窗，哪知此車是全封閉的高原列車，車廂窗戶都打不開，只能望景興嘆了。

2. 小相機大委屈

　　列車在風雪中飛奔，窗外的積雪越來越厚，景色愈發迷人。天上飛舞的雪花，像一些大小不等的蝶蛾，旋轉著，不停地在天地間降落，紛紛揚揚，飄飄灑灑，使大地變成一個粉妝玉砌的潔白世界。

冰天雪地中，還是有全天候司機駕駛的汽車

地點：崑崙山　相機：佳能 G10　ISO 速度：100　曝光：1/5 秒　光圈：4.5
焦距：60 毫米　曝光補償：-0.7 拍攝方式：車窗內

　　透過車窗，能看見不遠處的山脈及公路，偶爾發現一兩輛卡車像做冒險遊戲似的，玩命地奔馳著，在與列車比賽。能想像出車裡的司機肯定是個經驗豐富的老師傅，沒兩下子誰敢冒這麼大的雪走青藏線的夜路。天還沒有完全亮，卡車的燈光依然亮著，隨著公路的顛簸，燈光上下閃動，多了一份危險感。

　　從格爾木出來，大約有幾百公里積雪路段。雪一會兒下一會兒停，一會兒大一會兒小，尤其到了中華母親河——長江源頭沱沱河附近，下得更猛，真像「飛起玉龍三百萬，攪得周天寒徹」詞中描繪的那樣，一幅雪花飛舞、漫天皆白的奇麗景象展現在青藏線上。

　　我去了洗手間，突然發現窗戶上面呼呼地透著風，原來窗戶上面有個通風口，空隙、角度都很小，試了試手能伸出去，又試了一下，小相機也能伸出去，就是窄了點。缺點是無法看見外面，只能盲拍。這個意外發現給我帶來了拍照的希望，也帶來了心情上的興奮和愉悅。心想這次帶個小相機合適了，要不單眼相機還不方便伸出去呢。

馳騁在雪域大地上的鋼鐵巨龍

地點：崑崙山 相機：佳能 G10 ISO 速度：200 曝光：1/8 秒 光圈：4.5
焦距：28 毫米 拍攝方式：車窗外盲拍

　　在洗手間裡拍照也不那麼簡單，外面冰天雪地、寒風刺骨，洗手間吹進來的風很大很冷，我怕再感冒就穿得很厚，這樣袖子很粗，手拿著相機伸不出去，必須將袖子捋上去才行，手伸得越遠，袖子捋得越高，手臂自然就越受凍，此時心裡不停地禱告千萬別再感冒。拍照中儘量時間短，幾十秒鐘就抽回手臂暖和暖和。拍照時，不管朝那個方向拍都是盲拍，拍攝難度比去格爾木的那趟慢車上大多了。尤其當手拿著相機極力向外伸，想讓角度大些時，手、手臂被寒風吹得僵硬而且又被雪片打得生疼。此時，我只能用心中的熾熱驅走身上的寒意，用精神的愉悅溫暖冰冷的手臂。

　　更難的要數拍照時按快門了。透氣孔縫隙小，手伸出去彆扭又凍得厲害，還要承擔三項任務：一是握緊相機以防被風吹晃，因為火車前進的速度每秒約 30 公尺，風的力度很大；二是掌握方

向，心裡思索著調整角度，儘量拍下大一點的場景；三是在恰當時機按下快門，開始輕輕按自動調焦，然後再按下去曝光。平常按快門是用食指，但這次只能用大拇指。此時大拇指也要做三件事：握緊相機，大拇指在相機上面，其餘手指在下面；不停地扭動調整方向；適時按下快門。大拇指也會偶爾出錯，相機拿不穩，拍出的照片發虛。這種盲拍的方法，不管拍什麼景都帶有很大的盲目性，沒有一點自主權，只能百分百地聽天由命。

拍照中，受磨難的還有小相機。相機伸出後無遮無擋，風盡情地吹，雪無情地打，握不好還會有磕碰、滑落的危險，而且是一次次、反反覆覆地折騰。每每看到相機上沾著的雪水，尤其是鏡頭上有水滴時，就像看到相機在辛苦地流汗，難過地流淚。說實在的，自己非常心疼。相機是每個攝影愛好者手中的武器，成功與否全靠它了，愛護相機尤其是鏡頭就得像愛護自己的眼睛一樣才行。但這次感覺確實對不住這臺小相機，它也從來沒受過這麼大的委屈，為這次高原之行奉獻了太多、太多，而且在以後的行程中仍要繼續付出。由此看，這臺 G10 真算得上是功勳照相機了。

一條鋼鐵大道橫臥在雪域高原，暴風雪無法掩住那不屈的錚錚傲骨

地點：崑崙山　相機：佳能 G10　ISO 速度：100　曝光：1/8 秒　光圈：4.5
焦距：28 毫米　曝光補償：-0.7　拍攝方式：車窗外盲拍

　　自從發現了洗手間裡拍照的竅門後，我就忙碌起來了。一看到車窗外有好景，就趕快往洗手間跑，拍照。來來回回自然成了去洗手間次數最多的人。沒辦法，只要能達到拍好照片的目的，再不想去的地方也得去，再沒有的辦法也得想，再沒有的條件也要創造。這可能是所有攝影愛好者都有的孜孜不倦的追求吧。

　　這次出行與以往不同的是列車上乘客不多，可能是旅遊淡季的緣故。我們這個臥廂六個鋪位才有三個乘客，而且那兩個又到其他車廂打牌去了，臥廂裡整天就我一人堅守，出出進進很方便。

3. 罕見景觀大道

外面的雪很大，像一個碩大的被縟把大地包裹得嚴嚴實實。第一次領略到青藏高原的雪，感覺就是不一樣，不下則作罷，一下就下個痛快、下個過癮、下個天昏地暗，這就是膽略，就是氣魄。難怪毛澤東主席早在 1935 年就以非凡的想像力和磅礴氣勢，揮灑出了「橫空出世，莽崑崙，閱盡人間春色。飛起玉龍三百萬，攪得周天寒徹」的千古詩篇。

列車在前行，景色在變化，就像打到螢幕上的風景幻燈片，一張接一張，一幅連一幅。列車這時像一個滑雪運動員，在浩瀚的高原雪野盡情地馳騁著，背後不時留下一串串印痕。我幸運地在滑雪的大轉彎時發現了這串印痕，記錄下來了。只有親身體驗，才能明白在氣候條件如此惡劣、地質結構如此複雜的情況下修建青藏鐵路，是多麼艱難、多麼偉大，築路者們在國內外鐵路史上連創許多世界之最也是多麼令人敬仰。

這張照片很有點意思。皚皚白雪的山際中，一條鋼鐵巨龍蜿蜒向前，凌晨的冷色調子中，閃現出幾縷暖色的車燈光影。所有景物都不是清晰的，並由無數根長短不一、粗細不勻的線條組成。彎彎的路軌曲線，將人們的視線引向遠方。鐵路路基的石塊無意中成全了畫面的結構，因為有白有黑、有亮有暗時，高反差的線條才會更加醒目。這個畫面有時看像一張素描，有時看又像一張油畫。總之，它似乎已超脫了攝影本身的范疇。這是天還沒大亮相機曝光速度慢造成的。可以看出，當時手被風吹後抖動的多麼

厲害。沒想到慢門加抖動強化了畫面的特殊效果，這是一次無意之中的拍照，巧合之中的抓取，意料之外的收穫。畫面雖虛，但虛的恰到好處，攝影技巧的神奇與魅力在這裡得以充分展現。

　　如果講某某地方步步都是景、處處都精彩的話，把這詞彙用到青藏線上再恰當不過了。這裡的景緻恢宏、博大、深邃、神奇，它不是由一個景或是幾個、十幾個景組成的，而是一串串沒完沒了的組合、系列景色。它像一本永遠讀不完的巨著，一幅永遠看不完的畫卷，一曲永遠唱不盡的讚歌。這就是青藏高原的風骨所在、靈魂所在、魅力所在。

時亮時暗、時點時線，列車駛入了如夢如幻的境地

地點：崑崙山　相機：佳能 G10　ISO 速度：100　曝光：1/8 秒　光圈：4.5
焦距：80 毫米　曝光補償：-0.7　拍攝方式：車窗外盲拍

「不鳴則已，一鳴驚人」的青藏線上，列車悠然地駛入了天
地的懷抱

地點：崑崙山 相機：佳能 G10 ISO 速度：100 曝光：1/1250 秒 光 圈：7.1
焦距：28 毫米 曝光補償：-0.7 拍攝方式：車窗外盲拍

　　天空一片潔白，大地一片潔白，天地合一的理念在這裡完美
顯現。此時，列車載著旅客悠然駛入了天地的懷抱，這是多麼愜
意的幸福感受啊！有時我遐想，青藏鐵路何不隨季節變化開通旅
遊專門列車，老弱病殘的、青春年少的、攝影玩家的、文藝創作的，
只要鍾情於青藏高原風光而又能行動自理的，都可參與其中。在
四季如春的車廂裡活動，呼吸著充足的氧氣，觀賞著車窗外美麗
如畫的風景，欣賞、創作著各自的得意作品，再掛上兩節特殊車
廂，上面開著天窗，既能瞭望又能伸出相機拍照。那該是多麼絕
妙的精神享受啊！到拉薩後不用下車，迴避高原反應，原路返回，
來個「世界屋脊逍遙遊」，肯定會大受歡迎的。

在車外滴水成冰的情況下，車廂內卻是濃濃春意的景象

地點：崑崙山 相機：佳能 G10 ISO 速度：100 曝光：1/40 秒 光圈：7.1

焦距：28 毫米 曝光補償：-0.7 拍攝方式：車窗內

　　外面的氣候環境變化很大，高原是海拔每高出 100 公尺，氣溫就下降 0.6 度，這是指同等氣候條件下，如果再來個風雪交加，那溫度下降得就會更多。從格爾木出來一路都是冰天雪地，車外的氣溫至少零下十幾度，車窗上的冰掛就是明證。這是車頂上的雪融化後流到窗外玻璃上，流淌過程中遭遇強寒流就被凝固在車窗上了。雖然迎著強烈的陽光，但冰掛還是堅挺地貼在窗外，久久不肯離去，可以想像出外面的溫度有多低。外面冰雪交加，車內則是另外一番景象，溫度 22 度，基本恆定，就像春意盎然的時

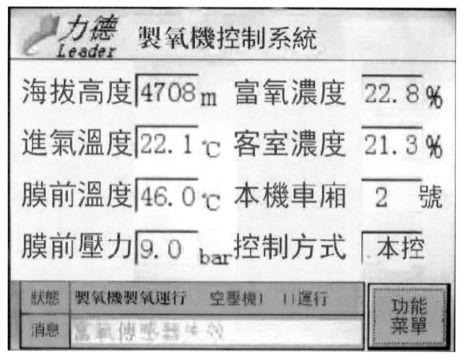

節，有些年輕人甚至還穿著汗衫、短褲，有點遜、八月亂穿衣的情景。還有不少南方來的旅客，喜歡仔細觀察、欣賞著車窗上這些冰掛小精靈，不時與它們合影留念。

車內的顯示屏上，記錄著各種環境數據
地點：崑崙山 相機：佳能 G10 ISO速度：100 曝光：1/30秒 光圈：4.5
焦距：100毫米 曝光補償：-0.7 拍攝方式：車窗內

小冰掛深情而有趣地陪伴旅客前行，久久不肯離去

地點：崑崙山 相機：佳能 G10 ISO 速度：100 曝光：1/1600 秒 光圈：6.3
焦距：130 毫米 曝光補償：-0.7 拍攝方式：車窗內

4. 迷人的線條

　　前面提到，在攝影構圖中最美的是線條，為什麼？人們發現
線條能體現出「秩序、勻稱、明確」的形式。由此，從這種形式
上摸索，又認識了相應的一些構圖方法，如曲線（含 S 形）、三
角形、黃金分割線等，這些構圖方法長期運用於攝影創作之中。
在日常風景中，線條無處不在，但不是所有線條都存在美，或所
有線條都沒有美。就像有句名言講的一樣：「世界上不是缺少美，
而是缺少發現。」

　　青藏線上，山脈、河流、公路、鐵路、積雪、雲彩的各種線條，在不同光線的照射下匯聚在一起，形成了一個個優美圖案。透過觀察，發現長江源頭的水流形狀十分獨特，尤其從不凍泉到通天河一帶，時而是涓涓細流，時而是冰雪交錯的河汊，時而是滔滔湧動的河水，線條豐富又有變化。積雪覆蓋大地，遮住了所有閒雜之物，烘托出了美的精髓。大雪瀰漫，天地一色，一輛越野車疾駛而過，顯得十分孤寂，一隻飛鳥迎上去或許能帶去某種樂趣，有了這隻鳥，畫面就活了很多，這是視覺的效果和力量。其實這個鳥就是一個涵洞口線條形成的，大自然的巧合給我們帶來了無盡的遐想和攝影創作的機會。

一隻飛鳥迎著行進的汽車，這只不過是視覺上的巧合而已

地點：崑崙山　相機：佳能 G10　ISO 速度：100　曝光：1/2000 秒　光圈：4.5
焦距：80 毫米　曝光補償：-0.7 拍攝方式：車窗外盲拍

雪下的再大，也掩蓋不了地上優美的線條

地點：崑崙山　相機：佳能 G10　ISO 速度：100　曝光：1/1000 秒　光圈：7.1
焦距：80 毫米　曝光補償：-0.7 拍攝方式：車窗外盲拍

　　青藏線上，鐵路、公路大都結伴而行、形影不離，時遠時近、並行交錯。好似一對恩愛夫妻，朝夕相處，難解難分。鐵路像丈夫，高大勇猛，性格硬朗，有一往無前、勢如破竹的氣概；公路似妻子，線條舒緩，婀娜多姿，常常依附在丈夫身旁。不但鐵路、公路交織在一起，河流也充當陪襯。

雪野上的旋律與音符

地點：崑崙山 相機：佳能 G10 ISO 速度：100 曝光：1/1600 秒 光圈：4.5
焦距：130 毫米 曝光補償：-0.7 拍攝方式：車窗外盲拍

　　攝影中的高調構圖，一直是攝影愛好者創作的追求，但常看
到的高調作品並不多，為什麼？因高調照片尤其風景高調照片的
拍攝太難了。客觀世界本身就是一個紛繁複雜的環境，想發現一
個潔淨、簡約的世外桃源實在不易，但在青藏高原遇到的機會似
乎要多一些。畫面中，有直線、曲線，長線、短線的排列，除了
與畫面有關的元人民幣素以外，其他什麼也沒有。線條的排列是
那麼整齊有序，富有節奏感。這種景色既是高原上鴻篇巨製中的
一首小詩，又像高原上雄壯交響曲中的一個音符。

　　青藏高原是無私的，長年累月地用自己的乳汁哺育著天下眾
生、大千萬物。長江、黃河、怒江、瀾滄江、雅魯藏布江等大江
大河，都是從這裡奔向華夏大地的。這裡的雪山、冰川不計其數，

湖泊更是星羅棋布。以前欣賞過一幅長江源頭的攝影作品，河道縱橫，水流逶迤，映照著天空的彩霞，很有氣勢，很有震撼力。這裡的確是藝術創作取之不盡、用之不竭的富礦。

　　一泓河水，看似平淡無奇，悄悄流去。但在冰雪的愛撫下，它被注入了新的生命和靈性，演繹出一個個故事。一個酷似古時的武士，身著戰袍，手持長劍，擺出準備決鬥的架勢，看起來有種「逆胡未滅心未平，孤劍床頭鏗有聲」的氣概。和誰鬥、怎麼鬥、鬥的結果如何，都需要人們去思索、思索。武士身上還有一些恰到好處的點綴，原來是火車車窗上沒化淨的小冰珠，有點巧妙。記得書畫大師齊白石說過一句話：「作畫妙在似與不似之間，太似為媚俗，不似為欺世。」這個畫面就是近乎於這種似與不似之間的。

　　橫亙在青藏高原的唐古拉山，聖潔巍峨

地點：可可西里 相機：佳能 G10 ISO 速度：100 曝光：1/2000 秒 光圈：4.5
焦距：80 毫米 曝光補償：-0.7 拍攝方式：車窗外盲拍

沱沱河中的「武士」造型栩栩如生

地點：可可西里　相機：佳能 G10　ISO 速度：100　曝光：1/1250 秒　光圈：7.1
焦距：40 毫米　曝光補償：-0.7　拍攝方式：車窗內

　　一座座雪山一道道峰，「天外群峰玉削成」。這些雪峰勾勒
出一組組線條，在陽光的照耀下虛虛的、絨絨的，質感是那麼的
強，有觸手可摸的感覺。它們中有的像饅頭，有的像糧堆，俗話說：
瑞雪兆豐年。有這麼多的座座雪山，中華大地還愁沒有豐年年景
嗎？

青藏高原的山看著不高，相對高度才幾百公尺，但實際上很高，絕對海拔都在五六千公尺以上，卻顯得平緩不驚、平易近人；內地有些山看著很高，實際上不高，海拔多在三四千公尺以下，但又顯得威風凜凜、張揚霸氣。這似乎顯示出一種特有的性格，蘊含著一種特有的品質和精神。

5. 妙景自天成

坐在高速行駛的列車上向外望去，看到了連綿起伏的崑崙山脈，看到了一望無際的可可西里戈壁荒漠，看到了唐古拉山那潔白的身軀，不免浮想聯翩。上萬年的人類進化，上千年的文明進步，使我們能夠生活在一個現代化程度較高的環境裡。隨著列車疾駛，我們彷彿在穿越時空隧道，好像又回到了沉睡億萬年的原始天地之中。高原無人區的天地、山脈、河流、風雪以及動植物與千萬年前有大的區別嗎？猜想沒有，如有點變化也是大自然自身所作的細微調整。此時此刻感到很幸運，因為在極其溫暖舒適的環境下，盡情地欣賞著與千萬年前相同的天地、相同的山水、相同的冰雪。社會的進步和科技的發展，才能使人們有可能完成這種遠古的跨越和社會的飛躍，實現夢想。

大自然中有些現象很有意思，常常會顯露出一些奇妙的景緻來迎合於人類的審美趣味。像黃山的猴子觀海、天柱山的天蛙峰、石林的阿詩瑪石、桂林的象鼻山以及國外印度的睡佛山、德國的駱駝山、加拿大的袋鼠石等。它們中有的形似、有的神似、還有的形神兼備，都超出了人們想像的范疇，這是大自然千萬年來的

超凡傑作。這些自然天成的妙景，為世人提供了觀賞不盡的機會
和豐富想像的空間。

神奇的景象

地點：可可西里 相機：佳能 G10 ISO 速度：100 曝光：1/1000 秒 光圈：6
焦距：32 毫米 曝光補償：-0.7 拍攝方式：車窗外盲拍

　　青藏高原作為一片神祕的淨土，也會有一些奇妙的景緻在此
顯現。一隻穿山甲類的動物像是趴在同伴的身上，是在傳遞情感
還是作短暫的休息，都在想像的可能之中。一對凸出的大眼睛炯
炯有神，警惕地窺視著遠方。龐大的背甲上佈滿富有質感的皺褶，
短粗的腳趾尖刃鋒利。趴在上面的身體碩大、健壯修長，而下面
的後半身顯得短胖。雖然看是一座不起眼的小山包，經過大自然
的神手雕琢，一個奇妙的景象就面世了。仔細看，這個景象還不
只是山體的形狀取勝的，而大多因素是瑞雪造成的作用。背甲上

的雪、脖頸和頭部、眼睛、嘴巴上的雪都塗抹灑落的恰到好處，
真是大自然的神來之筆，形神兼備的傑作。

　　神奇的景象

地點：可可西里　相機：佳能 G10　ISO 速度：100　曝光：1/1600 秒　光圈：2.8
焦距：30 毫米　曝光補償：-0.7　拍攝方式：車窗外盲拍

　　這又是一個重在神似的景象，一隻貌似古恐龍中的翼龍爬在
山頭上，漫不經心地蔑視著公路上行駛的車輛。不起眼的小汽車
和碩大的翼龍產生出巨大的反差，充分說明人類在大自然面前是
多麼的柔弱與渺小。耷拉的前腿、微微睜開的眼睛和張開的嘴巴
是這個景象的點睛之筆，簡潔、明了、意深也是它的顯著風格，
也正是我們藝術創作中所需要追求的。

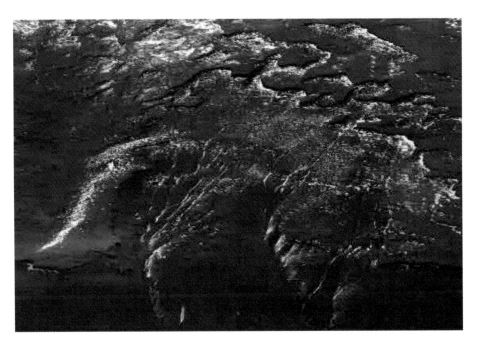

神奇的景象

地點：可可西里 相機：佳能 G10 ISO 速度：100 曝光：1/600 秒 光圈：2.8
焦距：135 毫米 曝光補償：-0.7 拍攝方式：車窗外盲拍

　　如果說前兩張偏重於畫面的形和神，這個畫面就有些抽象了，
豐富的線條在深暗的背景上顯眼奪目，看不出明顯的意味趨向，
更像一幅畫作初始的素描稿。山體為畫板，雪片為顏料，風作手
筆，一幅畫作就這麼產生了。不過這不是最後的完成稿，因為依
據大自然的規律，這些白色的線條還會有所增減。我們所能看到
的只是一個變化過程中的場景而已。

　　雖然我們看到的這些奇妙之景有山體結構的因素，有雨雪的
巧妙結合，關鍵還要有光線的作用。沒有光的參與，很多好景會

黯然失色或導致景色的性質發生改變。為什麼同樣一處景，拍出來的照片會不一樣，這裡有角度的原因，重要的還是用光的差別。在列車上拍照，不可能去主觀苛求什麼樣的光線，只能順勢而為，根據現場光操作，碰巧了就能拍出理想的照片來。

6.「周公吐哺」新解

《史記》有個典故：「一飯三吐哺，猶恐失天下之賢。」說的是西周時期，周公輔佐周成王治理國家，日理萬機，異常繁忙。為接待一些賢士人才，常常正吃著飯趕緊吐出來就去接見，完後再吃。又有人來，又擱下飯碗去接見。往復多次。後來曹操很欽佩這種做法，就在他的《短歌行》詩裡寫道：「周公吐哺，天下歸心。」可以看出，他們都有求賢若渴的這種心情和胸懷。

乘火車，最怕的就是吃飯，自己帶太麻煩，車上的飯貴又不可口。我想這次是上海包乘組，飯菜應該不會差。吃了車上的早飯覺得還行，中午就又買了份飯，按平常幾分鐘就能吃完。誰知這次一個多小時還沒吃完，為什麼？外面的景色太誘人了，沒空吃呀。剛開始吃，抬頭一看好景來了，就趕快跑出去拍照。拍完回來再吃，沒吃兩口，一看好景又來了，又得跑去，來來回回好多趟，最後飯菜都涼了。後來一打聽這是到了唐古拉山路段，雪後天晴，陽光普照，景色很吸引人。周公、曹操在吃飯與渴求賢才兩件事的對比上，先選擇求賢、後選擇吃飯。而我呢，在吃飯與拍照的對比中也選擇了先拍景、後吃飯，有點異曲同工的意思。

建設者的身影不時出現在雪山腳下，其勇氣和幹勁令人敬佩

地點：可可西里 相機：佳能 G10 ISO 速度：100 曝光：1/2000 秒 光圈：6.3

焦距：100 毫米 曝光補償：-0.7 拍攝方式：車窗外盲拍

幾頭藏野驢悠閒地吃草，它們完全習慣了疾駛的列車

地點：崑崙山 相機：佳能 G10 ISO 速度：100 曝光：1/80 秒 光圈：4.5

焦距：110 毫米 曝光補償：-0.7 拍攝方式：車窗內

　　還有成語「秀色可餐」。出自晉朝陸機的《日出東南隅行》：「鮮膚一何潤，秀色若可餐。」原意指女子的姿容美貌，後也指景色秀麗的自然美景。當看著窗外美景津津有味時，對車上盒飯的味道也沒感覺了。可見，美景的味道遠遠超過了飯菜的味道。

　　現在全社會都在關注個人的養生問題，養生不單單是指養身，而且還有養心、養眼等。觀光青藏線就是一個既可養眼又可養心、養身的好機會。

　　交通提示：格爾木到拉薩，火車硬座票價 220 元人民幣，硬臥票價 420 元人民幣。秋、冬季旅客不多，年輕人完全可以坐硬座，經濟實惠。但年紀大的旅客儘量坐臥鋪，清靜、舒適。

　　住宿提示：列車硬臥的上鋪溫度要比下面高點，車輪震動的影響也小些，但空氣質量不如下面。中鋪環境條件適中。下鋪的優勢是方便，不足是車輪的震動要大些，對睡眠敏感的旅客會有影響。進藏列車洗手間便池像飛機上的一樣，真空抽吸式，抽水時聲音很大，開始使用不太習慣。

　　消費提示：列車上有一些推銷小商品的，什麼賣襪子、針織品的，賣各種玩具、圖書報刊的，一般偽劣的多，有的價高質次。尤其是圖書，有些是盜版或小廠印製，錯誤百出，少買為宜。

　　健康提示：列車廂內溫度、壓力、空氣都很適宜，不會有任何不良反應。如果在洗手間的通風口拍照，時間不能長了，防止

感冒。列車上的氧氣出口是在每個臥鋪靠車窗上方處，開關、角度和出氣量由乘客控制。聽說車上還有醫生，如遇身體不適或有意外情況可隨時就診。

攝影提示：在車上盲拍，很多照片不理想。主要是第一次走青藏線，地理條件不熟悉，小相機使用起來沒有單眼相機爽快：調焦慢，快門時滯長，儲存時間慢。但小相機還是有輕巧、方便的優勢。

此路段經常是雨雪天，拍照時，儘量避免鏡頭進雪、水。如沾上了，及時用軟紙把水滴沾乾淨，然後再用鏡頭巾把鏡頭輕輕擦乾。鏡頭上有水滴或水痕，會影響相機的成像質量。如隔著車窗玻璃拍，一要找個相對乾淨的地方；二要讓鏡頭儘量靠近玻璃，減少玻璃對鏡頭的影響；三要避開陽光照射在鏡頭上，防止照片上出現亮斑。

第四章

雲展雲舒氣象萬千

唐古拉山路段→唐古拉山 安多→羌塘大草原→錯那湖→念青唐古拉

列車過了長江源頭沱沱河，已接近中午時分。雪完全停了，雪景逐漸淡化，天空引人奇思妙想的雲彩成了旅客們注目的焦點。車過唐古拉山後，進入了藏北羌塘大草原，另一番景象映入眼簾，藍天、白雲、雪峰、草原、牛羊、湖水一度成為景色的主體。

風起了，雲薄了，五彩繽紛的景象呈現了。風像一個超凡的魔術師，將天上的雲彩揉來拂去，不停地變幻出千奇百怪的景色來。時而大氣磅礡、氣勢非凡；時而生龍活虎、栩栩如生。高原的雲層離地面很近，也是天下最富變化、最有美感、最具表現力的。快到拉薩的時候，雲已完全消散，碧藍的天空中，偶爾飄著幾朵小的彩雲裝點著天宇。

1. 唐古拉風采

　　列車從西寧一路上行，馳騁 1400 公里就要到達青藏鐵路最高點──唐古拉山站（海拔 5070 公尺）了，這是世界上海拔最高的火車站。前面提到青藏公路和鐵路基本上是形影不離的，但到了唐古拉山，它們在這極其艱險的路段終於分手了，不過時間不長，還會和好的。青藏公路穿越唐古拉山口的海拔高度為 5230 公尺，為了降低一點穿越的高度，鐵路向西繞去，別看海拔只低了近 200 公尺，但在當時減少、解決了施工中很多的困惑和難題。唐古拉山山峰的積雪終年不化，雪峰像一個個白頭老翁，日日夜夜地守護在青藏鐵路、公路旁邊，目送著來來往往的車輛。

陰雲密布的時刻，不時有溫暖的陽光愛撫一下雪山

地點：唐古拉山 相機：佳能 G10 ISO 速度：100 曝光：1/1200 秒 光圈：6.3
焦距：135 毫米 曝光補償：-0.7 拍攝方式：車窗外盲拍

　　唐古拉，蒙語的意思是「鷹飛不過去的地方」，藏語意思是「高原上的山」。唐古拉山是青海和西藏的自然分界線，橫臥在青藏高原中部，全長 500 多公里，寬 160 多公里，主體部分海拔都在 6000 公尺以上。西接喀喇崑崙山，東南接橫斷山脈，南至西藏安多地區。唐古拉山是青藏高原的神聖之地，是藏胞心目中敬仰的聖潔神山。

　　既然有這麼高的聲望，自然景觀也出類拔萃。這裡的景就像我前面提到的一樣，山看著不高，實際上很高，相對高度也只有幾百公尺，但實際海拔都在五六千公尺以上。它們沉穩而不失大氣，偉岸而不失謙和，雍容而不失神祕，實在令人歎為觀止。山有神韻後，誰都來捧場，陽光不時聚起光束，來表現一下唐古拉山的身軀。在白雪皚皚的群山中，唯獨一束光芒照射在山坳中，是什麼東西這麼吸引陽光的注意力，又是什麼值得陽光的注意，一種神祕感油然而生。

　　這座山的形狀沒什麼值得炫耀的，山頭上的雪不多，但陽光偏愛了它，壓暗了所有不需要顯露的地方，以一種低色溫的方式照射在它所寵愛的山體上，一副新面孔出現了。藏族著名歌唱家才旦卓瑪曾經唱過一首很有名的歌曲《在北京的金山上》，當時對金山的概念非常模糊，也不知道金山到底是什麼樣子。現在完全看清楚了，在青藏高原有很多很多金山，眼前這座山不就是金光閃閃嗎？

陽光塑造出一座座金山，也為高原注入了活力和希望

地點：藏北羌塘草原相機：佳能 G10　ISO 速度：100　曝光：1/100 秒　光圈：7.1

焦距：135 毫米　曝光補償：-0.7　拍攝方式：車窗外盲拍

2. 碧空眾雲萃

主宰景色變化的飛雲下，雄氣十足的唐古拉山只能充當配角

地點：唐古拉山　相機：佳能 G10　ISO 速度：100　曝光：1/1200 秒　光圈：6.3

焦距：35 毫米　曝光補償：-0.7　拍攝方式：車窗內

　　俗話說：「天上的雲，少女的心。」形容雲纖細柔弱，變化無常。但到了青藏高原，情況就不一樣了，應該是：「天上的雲，漢子的心。」有骨氣、有性格、有氣魄。其他地方，雲都是充當配角，如文學上在描寫風景後加幾句雲的句子起烘托作用；畫作快完時添上一兩朵雲彩以平衡畫面；照片更是在主要景象的角落上帶一片雲作些點綴等。但在高原，雲的地位被迅速提升，已不再是柔弱的代名詞，而是成了堅強、剛硬、勇猛的化身。看了這裡的雲，才能真正明白什麼是叱吒風雲、什麼是雷霆萬鈞、什麼是波譎雲詭。

　　從這些照片看出，雲在天地間雖稱不上主宰，但形象足以證明其地位顯赫。姿態萬千的雲層占據了絕大部分畫面，成了構圖中的主角，而山、地卻被擠到了次要的位置，成了畫面中的配角。這就是高原特有的景象、特殊的景觀。高原的天湛藍深邃，雲層厚重濃烈，顯得低沉，與大地很貼近。在這裡欣賞雲彩，感覺很有親近感。

　　在坐在鋪上喝水時，突然發現窗外的雲彩撲面而來，趕緊拿起相機奔向洗手間，誰知有人。轉身又跑回車窗前，哪知火車跑那麼快，雲彩的一角已開始移出視線，什麼也不想了，舉起相機就拍，但怎麼也取不下雲彩的全景，當時恨不得把車窗玻璃挖個窟窿伸出相機拍。記得著名導演謝晉說過：「電影是門遺憾的藝術。」現在看來，哪門藝術不是遺憾的！這張照片雖沒拍全，但主要部分和氣勢還是能看出來。這種帶衝擊力的線條、張揚的趨勢、放射的走向，無不顯示出一種力量的、狂躁的態勢。

只有高原上，才能孕育出如此張揚、狂野的風雲

地點：藏北羌塘草原相機：佳能 G10 ISO 速度：100 曝光：1/640 秒 光圈：7.1

焦距：28 毫米 曝光補償：-0.7 拍攝方式：車窗內

　　這些雲神祕莫測，不知道它們從哪兒來，也不知道到哪兒去，一種氣勢洶洶、銳不可當的架勢。有的像某種動物，有的像某種兵器，有的還摻雜著不可名狀的東西。如此巍峨的雪山在它們面前也不得不低下頭來，大地河流更是一點脾氣也沒有，任憑它們宣洩：降雨、降雪、降冰雹，都只能默默地承受著。高山不願意承受時，還可以耍個脾氣來點土石流、雪崩什麼的，把負擔全甩給大地。反正，大地成了上天所有宣洩的最終承受者。從這點看出，大地多麼崇高偉大、多麼無私無畏。很多詩人讚美、歌頌大地，把大地比作母親，再恰當、貼切不過了。

高原的雲，就像天空中的皮影，不停地變幻圖形、演繹故事

地點：唐古拉山 相機：佳能 G10 ISO 速度：100 曝光：1/1600 秒 光圈：6.3
焦距：28 毫米 曝光補償：-0.7 拍攝方式：車窗內

龍騰虎躍的飛雲在這裡出盡了風頭

地點：唐古拉山 相機：佳能 G10 ISO 速度：100 曝光：1/1600 秒 光圈：6.3

焦距：35 毫米 曝光補償：-0.7 拍攝方式：車窗內

　　清代有首膾炙人口的詩篇《飛雲岩》，將飛雲描寫得出神入化，刻畫得維妙維肖，有一種詩中有畫的神韻。詩中寫道：「幻為百千萬億雲，雲雲一氣相合分。一雲乍起一雲落，一雲向前一雲卻。一雲奮舞一雲懶，一雲歡喜一雲愕。」「三雲四雲相頡頏，千雲百雲不亂行。如神如鬼如將相，如屋如塔如橋樑。如龜蛇蟄虎兕吼，鸞鳳翃猴虯龍糾。」如此豐富多彩、變化萬千的飛雲，在內地的天空很不容易看到，但在高原上空很常見。

　　天空碧藍如洗，好似乘坐在飛機上向外瞭望一樣。雲彩不停地積聚能量，扭動著身軀，以天空作舞臺，演繹著一臺臺戲、一個個故事。有喜的、悲的，長的、短的。

藍天下，一條巨龍騰空而起，盡顯風采
地點：唐古拉山 相機：佳能 G10 ISO 速度：100 曝光：1/1600 秒 光圈：6.3
焦距：35 毫米 曝光補償：-0.7 拍攝方式：車窗內

　　這張照片的雲就應是一個喜的，在藍色大幕的映襯下，一條活靈活現的巨龍閃亮登場，在天空上演了一出歡天喜地的大戲。「龍則有智雲無情，雲自寂然龍怒鳴。雲雖大拙乃勝巧，龍亦無術升天行。」

　　不像海拔低的地方，雲在空中飄來飄去，來去無蹤影。這裡的雲像從大山後面或湖泊裡跑出來的，說來即來，一下就會撲到眼前。「垂天之雲向空布，來為人間沛甘澍。」雲不但能帶來美的視覺感受，而且還是萬物生靈的恩惠者，源源不斷地奉送上美好、幸福的甘露來。

雪峰上的雲又像一座雪峰，峰上的陰影像幾個行走的小企鵝
地點：唐古拉山　相機：佳能G10　ISO速度：100　曝光：1/2000秒　光圈：7.1
焦距：35毫米　曝光補償：-0.7　拍攝方式：車窗外盲拍

3. 藏北大草原

　　列車翻越唐古拉山後，就進入了藏北羌塘大草原。草原處於唐古拉山、念青唐古拉山、岡底斯山等山脈的環抱之中，東西長千餘公里，南北寬幾百公里，平均海拔在 4500 公尺以上，是中國海拔最高最大的牧場。青藏鐵路、公路都在其中穿過。這裡屬於高寒荒漠草原，沒有樹木，只有矮小的植被，主要是一種雅號叫「寸頭」的草苔，有十幾公分高，抗風、耐旱、耐缺氧但又是蛋白質含量極高的草。什麼東西到了高原似乎就變神奇了，像藏紅花的藥效就是一般紅花的上千倍，其他藏藥的藥效也普遍高些，高原的蔬菜、山貨包括藏豬、藏雞等動、植物的營養價值也要高些，這是個很奇特現象。

躁動的烏雲有種不安的感覺，但犛牛不為所動，靜靜地享用著美餐

地點：藏北羌塘草原 相機：佳能G10 ISO速度：100 曝光：1/500秒 光圈：7.1

焦距：28毫米 曝光補償：-0.7 拍攝方式：車窗內

金秋的牧場為羊群提供了豐盛的午餐

地點：藏北羌塘草原　相機：佳能 G10 ISO 速度：100 曝光：1/400 秒 光圈：7.1
焦距：130 毫米 曝光補償：-0.7 拍攝方式：車窗內

　　現已是深秋季節，草原早就揭去了那綠色的面紗，呈現出了
橙黃色的主色調來。小草也將自己的生命精髓收縮到了根部，以
便積蓄能量和躲避牛羊的啃吃，等到來年暖和了便東山再起。翻
滾的烏雲給人一種不安和凝重的感覺，遠處的雪山線清晰可見，
線上白雪覆蓋，線下已融化。「天蒼蒼，野茫茫」，密密麻麻的
羊群低著頭忙碌地啃著「寸頭」草，這是藏北羌塘大草原典型的
遊牧場面。

點綴著色彩的羊群隨風而動，成了大草原上一道風景

地點：藏北羌塘草原　相機：佳能 G10　ISO 速度：100　曝光：1/400 秒　光圈：7.1
焦距：28 毫米　曝光補償：-0.7　拍攝方式：車窗內

　　氂牛是高原特有的牲畜，吃苦耐勞、忍辱負重。它全身是寶，
氂牛肉、氂牛奶是最好的營養品，尤其是氂牛奶製成的優酪乳，
營養價值是一般優酪乳所無法比擬的。但氂牛的形象很低調，渾
身上下黑乎乎的，拍照出來也顯得很深沉。有個現象有點費解，
就是羊群中有的上了顏色，有的沒上顏色，花裡胡哨的。經打聽
才得知，這是幾家的羊在一起放，做個記號不容易混淆。

　　隨著旅遊業的發展，藏北大草原也面臨許多機遇和挑戰，如
何保護好這個好地方，免遭人為破壞，成了長期而又繁重的任務。
草原的植被極為脆弱，開著汽車隨便跑兩圈，就能把「寸頭」草
的根部壓斷，像把小動物的脖子壓斷一樣，幾乎無法恢復或需很
長時間才能恢復。西藏自治區人民政府早在 1993 年就建立了藏北

羌塘自然保護區，2000 年又升級為國家級自然保護區。但願大草原的植被更堅強些，人們的行為更文明些，把我們的自然保護區保護得更好。

4. 錯那湖不錯

　　藏北草原上的湖泊星羅棋布，大大小小至少上千個，總面積是全國湖泊面積的四分之一。欣賞著高原的山峰、草原、雲彩一路走來，過了西藏安多車站不久，就要到有著「青藏鐵路最美一站」美稱的錯那湖。錯那湖是個小站，快車不停。湖面海拔 4500公尺，面積 220 多平方公里，是世界上海拔最高的淡水湖，也是一個少見的周轉最快的活水湖。唐古拉山南部河流時時匯入該湖，又由該湖迅速流出，蜿蜒崎嶇向東匯入怒江，錯那湖成了一個忠實的中轉站。湖水清澈、乾淨，被當地人譽為「神湖」。從照片中不難看出，它多麼像一大塊沉甸甸的、人見人愛的碧玉擺在那裡。

翡翠般的湖水，有山和雲的襯托更具魅力
地點：藏北羌塘草原　相機：佳能 G10　ISO 速度：100　曝光：1/300 秒　光圈：7.1
焦距：30 毫米　曝光補償：-0.7　拍攝方式：車窗內

　　令旅客們幸運的是，列車離錯那湖最近處只有 20 公尺遠，
幾乎就在身邊一樣，睜眼即見、唾手可得，這也是整個青藏鐵路
中唯一能遇到這麼近的湖。青海湖離鐵路不算遠，但至少有幾百
公尺。火車沿錯那湖邊行駛至少好幾分鐘，足以讓旅客們大飽眼
福、盡情觀賞，這是坐在恆溫、恆濕、足氧的車廂中，欣賞著海
拔 4500 公尺的湖水景色，在平常是不可思議而又絕對辦不到的事
情。

湖水、雪山與洋洋灑灑的雲瀑，酷似一幅引人入勝的水墨丹青

地點：藏北羌塘草原　相機：佳能G10　ISO速度：100　曝光：1/200秒　光圈：7.1
焦距：120毫米　曝光補償：-0.7　拍攝方式：車窗內

　　以前，曾欣賞過一個攝影家拍攝的藏北納木錯湖風光作品，畫面上湖水清澈，隨風蕩漾，遠處天空的雲彩上下翻滾、氣勢磅礴，好像在下雨，雲瀑像大幕一般從空中一直掛到地面，陽光從雲層上面透射下去，雲層的質感很強，極具震撼力。這張照片與上面講的大片相比有些遜色，湖面沒那麼大，雲層沒那麼厚，氣勢也差一些。但還是能看到它的精彩之處，上面的雲層積聚厚重，與下瀉的雨雪融為一體，下瀉的雨雪又和山脈連在一起，像掛在天邊的雲瀑一樣，虛虛實實、斷斷續續，形成了一幅濃重的潑墨山水畫效果，加上前面翡翠般的泛著銀光的湖水，更顯奇妙無比。

在這裡拍出的小品照片都很有看頭，如果是攝影大作就更有欣賞價值了。

拍這類風光照片，得靠機遇，天時、地利，最後還有個人的因素，三個要素缺一不可。錯那湖和納木錯湖都是容易出攝影大片的地方，有條件的可以多去幾趟，定會有意外收穫的。

5. 念青唐古拉

從格爾木出發，行駛近 10 個小時才停靠安多車站，感覺火車走得很慢，時間也過得很慢。但一過安多，情況就變了，百十公里就停一停，所以停得快，感覺時間過得也快。翻過唐古拉山，進入了相對平緩的路面。接著，就到了念青唐古拉山，這是到達拉薩前要翻越的最後一座山。奇怪的是，旅客在車上看不到翻山越嶺的景象。因為念青唐古拉山很給面子，在綿延了幾百公里後，在當雄這地方留了個大口子。呈現出嶺谷平行相間的條狀地形，而且谷地相對平整，這對於修建公路、鐵路是個好事，趁勢沿著谷地一路下去，順利到達拉薩。當年慕生忠將軍他們修公路，在這裡也沒耽擱過。既然念青唐古拉山給面子，人們也領這個情，就把鐵路、公路修在了念青唐古拉山脈的桑丹康桑雪峰旁邊，讓路過此地的人們時時刻刻都能瞻仰它，世世代代牢記它、崇敬它。

陽光下的念青唐古拉山雪峰，聖潔、尊貴又不同凡響

地點：念青唐古拉山　相機：佳能 G10　ISO 速度：100　曝光：1/320 秒　光圈：6.3
焦距：105 毫米　拍攝方式：車窗內

　　這是在火車上看到的最壯觀雪山，遺憾的是隔著車窗拍的，
清晰度受點影響。從錯那湖過來，已是半下午了，景色愈發顯得
平常，天上的雲很少，空得就像一個大張白紙糊的風箏飄浮在天
穹，地面常常處於陰影之中暗乎乎的，沒多少好拍的。正與一個
旅客聊天的時候，突然發現了這座高大的雪峰，可以說在青藏線
上沒見過這麼近距離的雄偉山峰。趕忙拿起相機，連車窗玻璃上
哪裡乾淨都來不及選擇，對著雪峰連拍三張。雪峰很快被前面的
山遮住了，差點與它失之交臂。聊天的那個旅客開始還不知怎麼
回事，等反應過來我已拍完又坐在他面前了。他對此有些疑惑，
看我拿個小相機不像個搞專業的，但動作挺俐落又不像業餘的，

我自報是個業餘愛好者，拍著玩的。他說：「這個景經常路過看到，也看慣了，西藏這樣的雪山太多了。」我應聲說是。心想，這雪峰雖不是最高的，但形象之壯美絕對是一流的。

傍晚，一朵雲霞給旅客帶來了溫暖的問候

地點：念青唐古拉山　相機：佳能G10　ISO速度：100　曝光：1/2000秒　光圈：7.1

焦距：70毫米拍攝方式：車窗內

　　後來才知道，拍到的那個雪峰的身份不一般，是念青唐古拉山脈中段的桑丹康桑峰，海拔 6600 公尺，在藏北高原眾多山峰中很著名，宗教上被尊為二十五仙境居士之一。這座矗立於世界最高處的雪峰，形似一位身著銀色古裝的勇士，威震八方，永遠守護著藏北羌塘大草原。此山的形狀也很特別，從南面看，形似寶座上的國王；從西面瞧，猶如銀獅躍空；從東往西看，儼若晶塔；從北往南看，形同銀裝勇士。而且山峰還可隨季節的變化改顏換色：夏日呈乳色，秋、冬季呈銀色，春天呈橙色，是一座名副其實的神奇山峰。

　　天色漸晚，快到拉薩了。一片祥雲飄來，在夕陽的關照下，小臉蛋被映照得紅彤彤的，像熟透了的蘋果。我手托相機，意猶未盡，期待著出現一個更美好的瞬間。也在思索天路迢迢，就這麼蹚過來了，美景多多，拍得很過癮。那麼拉薩迎接我的又是什麼樣的景色呢？

6. 高原的話題

　　所有出行高原尤其是海拔 3000 公尺以上的人，都會因缺氧出現程度不同的高原反應，這是一個不爭的事實。但在正常情況下，個人是適時地多吸點氧氣好還是少吸或不吸好，長期存在著爭議，至今沒有一個較為明確的定論。一種觀點是在高原上有反應就吸氧，不必擔心氧依賴。在火車上就聽過這樣的忠告：趁著火車上有氧氣，多吸點，這樣可以增加身體血液中紅細胞的含氧量，下車後能更好地抵禦高原反應，有些書上也在宣傳吸氧的好處；另

一種觀點是，在高原只要抗得住，能不吸氧就不吸，能少吸則少吸，避免氧依賴。對高原反應不懼怕、不輕視，靠堅定的自信心和自身的抵抗力、適應能力去面對它。如何應對高原反應，我沒什麼經驗，只能對別人的議論洗耳恭聽。以上兩種觀點，都是他們經過了多次或長期的實踐活動總結出來的經驗，各有各的道理。

進藏列車的設施是很先進的，第一次乘坐的人未必瞭解。我上車後就一直認為氧氣是統一供應的，不需要個人操作。所以一路沒管過氧氣的事。天色已晚，在鋪上休息時感到頭有點輕微的不舒服。恰好鄰鋪一個年輕人過來聊天，順便問道：「你沒開氧氣嗎？」我說：「氧氣還需要開嗎？」他哈哈大笑起來，忙查看鋪位上的氧氣開關和出口，說：「你的開關都沒開，怎麼會有氧氣呢！」他隨手按了一下開關，氧氣哧哧地冒了出來，接著又打開旁邊臥鋪上的開關。我靠在被縟上，第一次專門這樣吸氧，感覺很清新、輕鬆，頭一下就舒展了。一面休息、吸氧，一面與那個年輕人聊天。

他是浙江人，在拉薩打拚多年，經營一個叫「西湖粥店」的餐廳。我一直對浙江人存有好感，特別對他們的精明、吃苦、勇氣、誠信等品質尤為佩服，另外他在經營粥店，正合我的口味，也想趁機套套近乎，多瞭解一些拉薩的風情習俗。他很健談，不停地講拉薩的事情，使我眼界開闊起來。對我關心的吃、住話題，也一一提出幫助和建議，說可以吃在他的粥店，住在粥店對面的旅館裡，這下心裡踏實多了。

　　馬上就要到拉薩了，我還對高原反應的情況有些疑惑，就反覆詢問小老闆：下車後高原反應到底是什麼樣子；什麼情況下才需要吸氧；氧氣什麼地方有，怎麼租到。他一一作了回答：高原反應對每個人來說都不一樣，年輕的、身體壯的、肥胖點的反應相對大些，年紀大的、身體矮瘦的反應相對小一點，但最終要看個人的身體素質和敏感程度如何。吸氧主要是感到胸悶嚴重、喘氣厲害時就要吸。一般旅館、旅店都有氧氣瓶，隨時可以租用。最後記住一條，到拉薩後做什麼都要慢，不要急躁。我想自己先在西寧、格爾木休整了幾天，多少有些適應，到了拉薩，猜想高原反應不會太嚴重，要不然就趕快多吸些氧，反正氧源也方便。

　　此時，在車上吸著充足的氧氣，心中似春風蕩漾，身上也輕鬆爽快。想著瞭解到這麼多的高原旅行常識，基本上消除了後顧之憂，放心到拉薩應該沒什麼問題了。

　　交通提示：北京到拉薩的火車票硬臥 680 元人民幣，返程票硬臥 840 元人民幣，去的時候便宜，返程貴些，上海、成都、蘭州也是這樣，按理說去是上坡應該貴，但實際卻正好相反，不知其中緣由。

　　消費提示：我早餐和午餐都是在車上吃的，早餐 10 元人民幣，午餐 15 元人民幣，飯菜質量還可以。就是速食涼得快，胃寒體質的人應及時就餐或到餐車用餐。

　　健康提示：如患有慢性病或輕微感冒，在車上要足量服藥，特別是抗高原反應的如紅景天系列藥，要按時、足量服用，下車前可稍加點量。

　　攝影提示：此路段大部分是多雲、晴天，光照強，曝光欠 0.5～1 檔即可。拍雲彩和草原、湖面時場面大，儘量多用廣角端拍照，景緻顯得豐富、有力度、有氣勢。雪停後風比較大，相機伸出去拍時注意安全。

第五章

漸行漸遠別有天地

拉薩至林芝→布達拉宮廣場→米拉山→尼洋河→林芝

　　晚上，列車到達拉薩站（海拔 3650 公尺）。下車後，急促的高原反應引起的劇烈頭痛讓我有點措手不及，好在時間不長。這時自然聯想起《西遊記》中孫悟空的遭遇，只要犯戒，唐僧就唸經，悟空頭上的緊箍咒立刻收緊，頭劇痛起來。可能書的作者遭遇過高原反應，要不然不會寫得那麼繪聲繪色。

拉薩市區氣溫與西寧差不多，晴朗少雲，感覺舒適。為減輕高原反應的影響，休息一天後，於 25 日上午乘車去了林芝（海拔 3000 公尺），路程 440 公里，沿 318 國道（川藏線）行駛。出拉薩路邊的山還是光禿禿的，兩個小時翻越米拉山（海拔 5020 公尺）後，整個景色就像換了一個天地。「寒山轉蒼翠，秋水日潺湲。」林木多起來了，綠色開始躍入人們的視野，遠處的雪山、森林，近處的尼洋河、灌木叢，構成了一幅豐富多彩的絢麗畫卷。臨近林芝，林木蒼翠，流水潺潺，一片江南式風光。這裡天空晴朗，溫濕度適宜，感覺非常舒適。停留一天後，於 27 日去了海拔更低的波密縣。

1. 遭遇下馬威

列車伴著《天路》悠揚的旋律，緩緩駛入了拉薩站。我緩慢地向車門走去，馬上要實現夢寐已久的心願跨進高原門檻了，心情一陣激動。沒想到這個小小的跨越，竟成了自己一生中刻骨銘心、永生難忘的記憶。

走出車門第一步，沒有任何反應。走出十餘步後，突然感到脖子後面發緊，一兩秒後，脖子就像是紮進去什麼東西一樣刺痛，我刻意地回過頭來看看，什麼情況也沒有。一下意識到了這是高原反應，真沒想到它來得這麼迅速、這麼突然、這麼猛烈。我趕緊再放慢腳步，漸漸落在整個出站隊伍的最後面了。脖子上的疼痛持續時間很短，只幾秒鐘，接著就變成腦門兩邊刺疼，也像什麼東西扎進太陽穴一樣，這時脖子後面的感覺不大了。太陽穴的

刺痛持續了十幾秒鐘後，開始慢慢減緩，轉為整個頭痛和暈，就跟打了麻醉藥後的感覺差不多，木木的暈。沒想到一下車，高原反應就來了個下馬威，這是始料未及的。

最初還產生過會不會走著走著突然暈倒在地的擔心，後來證明，這個擔心多餘了。拉薩站出站口較遠，離列車車廂至少一兩百公尺。快到的時候，我注意了一下自己的行為舉止還算正常，提前掏出了車票，到站口很快交給了檢票員，沒什麼異常。出站後經過廣場到馬路邊又是一兩百公尺，此時感到實在有點遙遠，緩慢地行走都感到吃力。

路邊招人的計程車司機不停地招攬旅客，走著走著，我被一個精幹的四川小夥招去了，他熱情地幫著提行李箱，我很快坐進了計程車，說去金石旅館。誰知他沒馬上走，說招一個人賠錢，又去招其他旅客了。這時實在不願動彈了，也沒有氣力再去換車，只好坐在車裡等，靠著座椅休息。一會兒，頭疼的感覺減輕了許多，但仍暈得很，腦袋像被灌了漿似的。這時，司機沒招到人顯得很無奈，只能招我一人走了。火車站離金石旅館不太遠，很快就到了，司機小夥不錯，下車時又幫著提行李箱送進旅館，令我感激不盡。這時才體會到什麼是「幫人所需」的真切含義了。

藍天下的布達拉宮莊嚴肅穆

地點：拉薩布達拉宮廣場　相機：佳能 G10　ISO 速度：100　曝光：1/250 秒

光圈：8 焦距：38 毫米

　　已是晚上九點多鐘了，金石旅館服務生報價標準客房 120 元人民幣一天，我說是熟人介紹來的是否優惠些，結果未能如願。此時暈乎乎的，再也無力多說話和走動，很快就登記住宿。問了氧氣出租的情況後，趕緊上了二樓房間。上樓時服務生幫助提行李箱，又使我很感激。要知道，再小的行李在高原上，感覺重量就像翻了幾倍，此時真是手無縛雞之力。有人此時伸出手來幫一把，實在是求之不得、感激不盡的事情。

　　進了房間，立即燒水，沒開就沖了半杯葡萄糖粉一飲而盡，接著又服了紅景天口服液和膠囊。躺在床上，回味著下車後的狀態，感到真有點像急風暴雨，又像坐過山車那樣驚心動魄。高原反應怎麼如此不留情面，難道先前的那些努力都不管用？休息了十幾分鐘後，頭不疼了，暈減輕了，身上也緩過勁來了，看來不需要租氧氣瓶吸氧了。晚上睡得很好。

　　第二天起床後，高原反應症狀煙消雲散，一點不適感覺也沒了。心想：是睡得好呀，還是紅景天、葡萄糖的作用呢？可能都有吧。金石旅館不大，三層小樓，沒有電梯，緊靠布達拉宮西面，客房靠馬路一側全是玻璃窗，通透明亮，一眼就能看到布達拉宮一角。金燦燦的陽光透過路邊的樹枝照進房間，光芒四射，一切都顯得那麼明媚、那麼燦爛，我的心情自然也快活起來。早上到旅館對面「西湖粥店」用餐。這裡的粥和其他飯菜品種豐富，味道也很可口。上午哪兒也沒去，就在旅館房間裡休息。

　　下午，休息後感到身體沒事，就考慮先去布達拉宮廣場看看，順便換個有電梯的旅館，實在不願爬樓梯了。來到廣場。當第一眼看到布達拉宮時，就被它的宏偉、壯觀所震撼，被它的美麗、神祕所傾倒，這種感覺超出了先前的想像。坐下來休息時，又慢慢品味、欣賞著這座舉世矚目的聖殿。然後，來到了廣場東側的武警旅館，這裡不僅離廣場更近，而且客房條件好，有電梯，價格也便宜，我決定換到這裡住。在布達拉宮廣場南側，看到了高高聳立的西藏和平解放紀念碑。碑文由江澤民親筆題寫，紀念碑四周花團錦簇，顯得美好又不失莊嚴。

　　在布達拉宮廣場一側聳立的「西藏和平解放紀念碑」，高大醒目

地點：拉薩布達拉宮廣場　相機：佳能 G10　ISO 速度：100　曝光：1/250 秒　光圈：8　焦距：35 毫米

儘管行動很慢，而且走走停停，常坐下來休息，但還是感到乏力、疲勞。記得有個朋友在走之前就告誡：到拉薩後，最好先休息兩三天再外出活動，看來這個告誡很有道理。走著走著，感覺不但乏力，而且還有點上不來氣，頭也暈，口乾舌燥。這時，看見路邊有個「優酪乳坊」，心想還是先喝點優酪乳再回去。「原味氂牛優酪乳」5 元人民幣一碗，要了兩碗。桌子上有白糖隨意添加。優酪乳是店裡自己做的，稠得像果凍，加了幾勺白糖，拌了拌，用湯匙舀著吃，味道鮮美。神奇得很，吃完優酪乳後，身上不適的感覺立刻減輕大半，也有力氣了。此前聽說過優酪乳尤其氂牛優酪乳抗高原反應，看來果真如此。

回到旅館，收拾東西退房，很快移住到了武警旅館。心想還是先到海拔低的林芝轉轉，這樣身體會更適應。

從 23 日晚上到 24 日，我高原反應經歷了從非常嚴重到平穩、又從平穩到嚴重、再趨向平穩的一個完整過程，雖只一天，但對高原反應已有了初步的認識和體會。看來初到高原，頭一兩天一定要在室內休息，然後活動也不能安排得太緊張，這樣才能有效避免高原反應帶來的困擾。

2. 朝聖風景線

早上，為了進一步輕裝前行，把小行李箱寄存了，只背個挎包，帶著相機、牙刷等必需品去林芝。到拉薩汽車東站買了客運車票，是依維柯中型巴士，上午 10 點發車。在車站問訊處打聽依

維柯車裡是否供氧氣，答覆是：客運汽車都不供氧。我心裡直納悶，難道旅客們到海拔 5000 公尺的山頭時就不怕缺氧嗎？又去問司機，答覆仍然是：「山上沒事。」高原反應挺奇怪的，3000 多公尺反應那麼嚴重，難道 5000 公尺就真的沒事？我揣著種種疑惑上路了。車過了拉薩河大橋後，向東行駛在 318 國道 (川藏線) 上。拉薩至林芝全程 400 多公里，預計行駛六七個小時。路旁的拉薩河水，在初升的太陽光照耀下清瑩閃亮，朝氣蓬勃地向前奔騰著。拉薩河藏語中稱吉曲，意為「快樂河」、「幸福河」，發源於米拉山一帶，沿途流經墨竹工卡縣、達孜縣，最後經過拉薩市，在其下遊匯入雅魯藏布江。拉薩河長 500 多公里，是雅魯藏布江五大支流之一。拉薩河兩岸山峰多在海拔 3600 ～ 5500 公尺之間，是世界上最高的河流之一。拉薩到林芝的公路全程柏油路面，在西藏算是高等級公路了。約半小時後，公路便離開拉薩河，開始向上爬行，一直到米拉山。

純潔寧靜的拉薩河，是一條遠近聞名的母親河

地點：拉薩市郊 相機：佳能 G10 ISO 速度：100 曝光：1/300 秒 光圈：7.1

焦距：36 毫米 拍攝方式：車窗內

　　虔誠的朝聖隊伍延綿不斷地向聖城拉薩挺進，以實現其崇高
的理想和真誠的祈願

地點：川藏 318 國道　相機：佳能 G10　ISO 速度：100　曝光：1/100 秒　光圈：7.1
焦距：130 毫米　曝光補償：-0.7　拍攝方式：車窗內

　　朝聖者一路風餐露宿，他們的野炊條件比較簡陋

地點：川藏 318 國道　相機：佳能 G10　ISO 速度：100　曝光：1/125 秒　光圈：6.3
焦距：65 毫米　曝光補償：-0.7　拍攝方式：車窗外盲拍

　　西藏是大多數藏族人信仰藏傳佛教的地區，自古就有「雪域聖地」之稱。每個藏胞，不管出生在什麼地方，能在拉薩的佛像前虔誠地拜上一拜，可以說是他一生中最重要、最崇高的事情。不管多遠，他們都會一絲不苟地磕著等身頭，一步一磕頭地走向聖城拉薩，路上要走數日、數月甚至數年。風餐露宿，一路前行，經歷的艱辛可想而知。但是，這些朝聖者，一旦踏上朝聖之路，便沒有一個知難而退的。路上不時看到很多來自不同地區、成群結隊的朝聖者，他們基本上徒步，也有拉架子車、開耕耘機或開汽車裝載生活用品的，車上掛著顏色鮮明的經幡，在公路上形成了一道亮麗的風景線。

　　由此看來，人的生命不管多麼凡俗，只要生命的靈魂深處有了信仰，就會被賦予一種永恆不滅的精神......人類的信仰，也與大自然一樣具有同樣價值的美。由於車速快、相機調焦不及時、路面顛簸等因素，車上拍的朝聖者照片大多數是虛的，但還是真實記錄下了他們的真誠與執著。

　　還有一些外地的旅行者，為了能到西藏拉薩實現美好的夙願和夢想，不惜用自己的雙腳去丈量、體驗路途的遙遠和艱辛，也有的騎上自行車長途跋涉。他們都是用一種獨特、非常個性化的方式，去實現其人生價值和個人夢想的，靠意志、毅力和勇氣來詮釋勇者、強者、勝者的內涵。在去林芝的路上，我在車上先後看到了徒步的行者、蹬自行車的騎者，非常敬佩他們。儘管汽車跑得很快，相機快門反應很慢，但還是多次盲拍下了他們稍縱即逝的身影。

任何可以休息的地方，都是高原徒步旅行者短暫歇腳的驛站
地點：川藏 318 國道　相機：佳能 G10　ISO 速度：100　曝光：1/300 秒　光圈：6.3
焦距：28 毫米　曝光補償：-0.7　拍攝方式：車窗外盲拍

3. 難忘米拉山

　　車行不久，就過了墨竹工卡縣城，再往前就要上米拉山了。
米拉山亦稱「甲格江宗」，意為「神人山」，海拔 5020 公尺，橫
亙於東西向的雅魯藏布江谷地之中，成為雅魯藏布江東西兩側地
貌、植被和氣候的重要界山。山之西拉薩方向氣候乾燥寒冷，岩
石易於破碎脫落，山體渾圓低矮。山之東林芝方向氣候溫暖潮濕，
利於植物生長，因而植被茂盛。

米拉山山口是拉薩到林芝必經之地,也是此路段海拔最高的地方,山雖不算最高,但公路不是繞行,而是從山頂翻越,幾乎與唐古拉山口路面的高度相當。有一陣自己還為過米拉山犯愁,怕身體適應不了,心存疑慮。以前看過一些資料,都把米拉山視為一道難以翻越又極其危險的屏障。因為當時的公路是沙石路面,而且狹窄,一遇雨雪天氣就結冰難行,車很容易滑落到溝裡去;加上車輛也落後,經常是到山上發動機因缺氧而熄火,需要人推肩扛,挨餓受凍。有位作家曾七次往返米拉山,就有兩次遇到汽車在山頂熄火,山上海拔高,氣溫低,那滋味是非常難熬的。

米拉山的故事也很多,其中駐林芝某部,有個十多年兵齡的李司機年底要復員了,這時懷孕的妻子來到部隊,既探親又準備接他回家。這天李司機最後一次去拉薩執行任務,第二天應該返回,但很晚還沒回來,部隊立即派人前去接應,直到米拉山口才發現,李司機連人帶車一起翻到溝裡去了。開始他受傷後還能從車裡爬出來,但高寒缺氧,又天黑無人知曉,很快就被凍僵在汽車旁。李司機的妻子滿懷悲痛回到老家,為了不忘卻那段悲壯的情景,等孩子出生後取名叫「李米拉」。還有個女軍醫,因工作原因經常往返米拉山,尤其懷孕後仍往返不斷,一次次的艱辛、一次次的風險使她難忘米拉山,女兒出生後也取名叫「劉米拉」。由此看來,米拉山既是連接拉薩、林芝之間往來的紐帶,它的故事又給人們留下了一段段難以忘卻的悲壯記憶。

有著豐富傳說的米拉山，其美感近似於金字塔

地點：米拉山 相機：佳能 G10 ISO 速度：100 曝光：1/500 秒 光圈：6.3
焦距：28 毫米 曝光補償：-0.7 拍攝方式：車窗外盲拍

　　我坐在車裡一動不動，默默地看著中型巴士順著上山的柏油
路不知疲倦地向前駛去。不時地把車窗開個小縫，伸出相機拍上
幾張。同時也在猜測到山頂會有什麼感覺和反應？要知道，這是
我平生第一次上到海拔 5000 公尺的高度。快到山頂時，透過車窗
玻璃清晰地看到了米拉山的模樣，好像沒那麼猙獰、恐怖，而是
稍顯平靜。此時我真是抱著充分思想準備迎接它的到來，奇怪的
是已到達山頂，一丁點不適反應也沒有。由此看來，人的高原反
應是與所處的海拔高度和身體活動量成正比的，同時也有人的適
應性水平強弱等因素。

　　山頭上積聚著沒有融化的雪，飄揚著五彩的經幡，象徵著米拉山的身份和尊嚴。這張照片是從林芝返回拉薩時拍的米拉山，畫面顯得簡潔，山頭似金字塔形狀，頗有些氣勢和美感。

　　米拉山還是一位崇高、偉大的「母親」，用自己的乳汁養育著兩個美麗漂亮的「女兒」，一個叫拉薩河，一個叫尼洋河。兩條河從不同方向順米拉山頂而下，彎彎曲曲，奔騰向前，在車上拍她們，大都是局部，難拍到全貌。寬敞平坦的柏油路像一條巨龍蜿蜒盤旋，長驅直入。當年米拉山上的公路路況差、彎道多，是一條憂傷、驚魂之路，那麼現在路面好、彎道少，成了一條陽關、幸運之路。當年的女軍醫、李司機等要是能趕上走現在這樣的路，還會遭遇到那麼大的風險和那麼多的悲壯經歷嗎？

　　轉過一個彎後，意外發現對面山坡上有處明顯而又神奇的景象，一個由山上樹木自然形成的逼真的人物頭像。臉部修長，髮型頗有特色，目光炯炯地注視著前方，也是尼洋河流去的方向。也許米拉山、尼洋河悲壯的故事太多了，使這裡的山山水水都被注入了神奇的靈性，並時常顯露出來，像是在說明、預示著什麼。看來這個景已存在多年，來往於此山的人們都很容易看到，只是有時不在意而沒有發現。

從山頂向下望去，坡上一個天然形成的人頭像讓人驚訝不已

地點：米拉山 相機：佳能 G10 ISO 速度：100 曝光：1/400 秒 光圈：6.3

焦距：30 毫米 曝光補償：－0.7 拍攝方式：車窗外盲拍

4. 清秀尼洋河

米拉山上，能清楚地看到東、西兩側兩條河的流向。尼洋河的溪流相對集中，要明顯些。從山上俯視下去，可清晰地看到一條條涓涓小溪相互簇擁著向下流去，漸漸彙集成寬闊的尼洋河。

翻過米拉山後，公路一直沿尼洋河而下，直到林芝時，尼洋河才與公路分道揚鑣。這段距離有 300 多公里，高度也急轉直下，海拔由米拉山的 5020 公尺驟降 2000 公尺，到林芝海拔 3000 公尺。下山時，有尼洋河陪伴，兩岸的植被也逐漸茂密，散發著陣陣沁人的芳香，使人感到輕鬆、愉悅。

在尼洋河水的陪伴下，秋韻灑金的景緻不期而至

地點：川藏 318 國道 相機：佳能 G10 ISO 速度：100 曝光：1/160 秒 光圈：6.3
焦距：28 毫米 曝光補償：-0.7 拍攝方式：車窗外盲拍

茂密的山林中，小村莊若隱若現，恰似一處世外桃源

地點：川藏 318 國道　相機：佳能 G10　ISO 速度：100　曝光：1/125 秒　光圈：6.3
焦距：28 毫米　曝光補償：-0.7　拍攝方式：相機伸出窗外盲拍

　　尼洋河之美，主要源自於它清澈的水色，那種寶石般的藍，
清秀、誘人。雖然河道開始時不算太寬，但高度懸殊。水流湍急，
奔騰向前，山間的石塊經常被沖刷下來，不時發出陣陣的嘩啦聲，
似踏著有節奏軍樂的兵馬大隊前進的情景。隨著河道的漸漸寬敞
和高度的趨緩，尼洋河水變得舒緩起來，流水聲也溫和柔美。這
時，遠處的山頂白雪皚皚，山間林木蔥蘢，經過秋風的洗禮，部
分林木色彩由翠綠變為金黃，沐浴著燦爛的陽光，加上近處清秀
的河水，相互映襯、相得益彰，給人們展示出了一幅近、中、遠
景物布局和諧的精美畫卷。這張照片在技術上不盡完美，但其景
色是無可挑剔的。尼洋河的水令人讚嘆，尼洋河的全景更令人陶
醉。

自下山後，車速逐漸加快，給拍照帶來了諸多不便，很多博人眼球的景色沒能拍下來。首先是虛的多，原因是車顛簸厲害。再者構圖困難，景色常常被路旁大樹遮擋，相機伸向窗外盲拍，成功率不高。多虧了現在使用的是數位相機，要是以前，還不知要浪費掉多少膠卷。

有時想，作畫和攝影雖都是平面視覺藝術，但創作的過程、結果完全不一樣。畫家們，就像戰場上的狙擊槍手，一槍消滅一個敵人，基本上是畫一張成一張。攝影人呢，就像戰場上的高射炮手，差不多就開炮，上百發砲彈能有一、二發命中目標就是勝利，拍百十張照片有幾張滿意的就算成功。要是名垂青史的大作，一輩子有個一兩張就不得了了。攝影的特性就是具有極易和極難兩重性。凡是能拿起相機的，不管男女老少、學問深淺、年齡大小，都能拍出像樣的照片，這是易的一面。難的一面就是一張好照片受客觀因素的影響太多，比如風景攝影客觀因素中的氣候，就有溫度、濕度、光線、雲、雨、雪、霧、風等不同狀態、程度的影響，這還不包括景物本身的一些變化。

攝影是入門簡單、進步容易、提高困難、突破更難。就因為攝影實踐中的易、難兩重性，才具備了其他任何藝術形式都無法比擬的巨大誘惑力和普及率。隨著科技的發展和人們生活水平的不斷提高，尤其是通訊器材也都具備了攝影功能，攝影會越來越普及，攝影藝術的整體水準也會不斷提高的。

5. 林芝似江南

在西藏，公路交通規章非常嚴格。路上有很多交通管理站，所有司機需提前填好出發時間的二聯單，到下個交管站時停車查驗，看在規定的時間內是否準時。比如 100 公里路要求兩個小時到達，只能推後不能提前，提前了視為超速，馬上扣駕照、扣車。這次去林芝的中型巴士司機是個山東漢子，談話中能看出他是個爽直、急性子的人。過米拉山後，車速沒控制好，到下個交管站時間提前了一點，交警馬上扣駕照，車也不讓走了。一直持續了兩個小時，車才放行。

路上看見尼洋河水面逐漸寬闊起來，路邊的院落也慢慢增多，林芝就要到了。

下午 17 時，中型巴士駛進了林芝八一鎮汽車站，這是一座五層大樓，樓下是汽車站，樓上是麗江旅館。下車後住進了麗江旅館，標準客房 100 元人民幣一天，很實惠。因為住宿的人少和節省用電，電梯停運，在不斷請求下，服務生才打開電梯。休息一會兒後，就下樓用餐。聽說離旅館不遠，有個「老拉薩」粥店。用餐後感到很可口，這裡的餐廳比較多，飲食方便。

林芝地區行署設在八一鎮，故八一對外也稱林芝，實際上林芝縣城距八一鎮還有十幾公里，那裡是個老城，八一鎮算個新城。新、老城都處在喜馬拉雅山、念青唐古拉山和橫斷山脈的環抱的谷地之中，尼洋河畔上。經過幾十年的建設發展，新城規模已為

老城的十多倍，變成了一個既現代又美麗的城市。林芝海拔 3000
公尺，是西藏一個名副其實的高原避風港和世外桃源。這裡夏無
酷暑，冬無嚴寒，林木蒼翠，水氣充沛，輕工業發達，農牧副漁
興旺。可謂不是江南，勝似江南。在林芝整個谷地中，水的面積
約三分之一，主要是尼洋河到這裡後，地勢較平坦，河水趁勢鋪
開，大顯身手，像網狀一樣支支叉叉。有喜馬拉雅山南麓源源不
斷飄過來的暖濕空氣，氣候溫和濕潤，使這裡的植被也有了得天
獨厚的生長條件。周圍高山上林木參天，山頂上積雪皚皚，好似
一幅幅賞心悅目的山水畫卷。內地的水鄉和平原觀賞不到這樣的
景色，就是在青藏高原其他地區也絕無僅有。因此，近些年外地
人到這裡經商、旅遊、工作、定居的紛至沓來。不過，這裡只有
幾十平方公里的地盤，容不下太多人，來遊覽一下，還是很有必
要。

素有「西藏江南」美譽的林芝名不虛傳

地點：林芝八一鎮郊外 相機：佳能 G10 ISO 速度：100 曝光：1/800 秒

光圈：5、6 焦距：28 毫米 曝光補償：-0.7 拍攝方式：車窗外盲拍

朝霞為山峰披上艷妝，祝福著燦爛一天的到來

地點：林芝八一鎮相機：佳能 G10 ISO 速度：100 曝光：1/250 秒 光圈：5.6

焦距：36 毫米 曝光補償：-0.7 拍攝方式：麗江旅館窗內

　　我來回在林芝住了三天，只在旅館的樓上和行駛的車上拍些照片，大部分時間在房間休息。像阿沛·阿旺晉美副委員長的故居、二千五百年的柏樹王、一千多年前文成公主栽的桑樹王等有價值的景點都沒去。

　　在林芝時，想著海拔不高、條件不錯，就洗了一次澡。沒想到第二天身上感覺不舒服，猜想又感冒了，馬上吃高原抗感冒膠囊。這次感冒與上次感冒在心理感受上有很大不同，那是準備向高處拉薩去，這是從高處拉薩下來，所以精神上沒那麼緊張，相信吃藥後會很快好的，心裡要踏實些。

　　透過濃郁的秋景，看到了林芝老城和蜿蜒的尼洋河水

地點：林芝八一鎮郊外　相機：佳能 G10　ISO 速度：100　曝光：1/125 秒光圈：6.3
焦距：60 毫米　拍攝方式：車窗外盲拍

看來在高原地區最怕感冒，但也容易感冒。主要是溫差大，身體一時沒完全適應。

下午吃了感冒藥後，身上感到輕鬆多了。心想如感冒不加重，明天就繼續前行，本想到更遠的察隅縣去，一打聽那邊修路不好走，就選擇了近處的波密縣，那裡的海拔比林芝還要低些，沒什麼可擔心的。但具體景色如何，不十分清楚，只知道從那裡可以通往聞名的高原孤島———墨脫。

6. 巧遇藏寶寶

10 月 27 日早上，準備去波密（海拔 2850 公尺）。聽說途中有一段路非常難走，所以我選擇了乘坐豐田越野車，這樣安全係數高些。在汽車站上車前，遇到了一對年輕的藏胞夫妻抱著一個嬰兒，一問才知道剛出生七天。他們是波密縣附近的村民，是前不久專程來林芝婦產醫院的，現在出院回家。早先藏胞孕婦臨產時，條件很差，規矩很多。婦女懷孕後得不到任何照顧幫助不說，分娩時還不能在乾淨的房子裡，要到很差的房子去，牧區也不準在帳篷裡生。現在到底是社會進步、生活水平提高了，也懂得尊重科學，有條件到醫院分娩了。

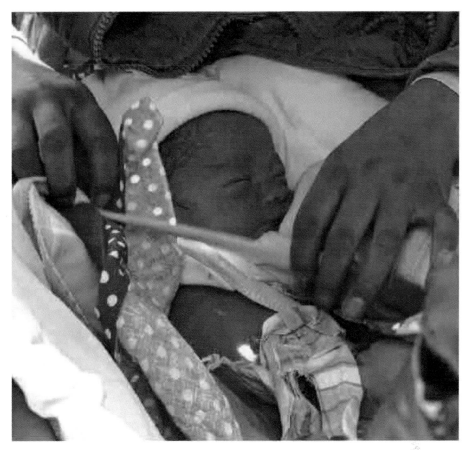

出生 7 天的藏寶寶在父母溫馨的呵護下幸福成長

地點：林芝八一鎮 相機：佳能 G10 ISO 速度：100 曝光：1/40 秒 光圈：5

焦距：68 毫米 曝光補償：-0.7

　　這對夫妻就是藏胞的新一代，有新思想、新習慣。光看穿著
打扮就不一樣，丈夫身穿皮夾克，四方大臉、眉清目秀，長得很
精神、帥氣。太太身著帶拉鎖的外罩，小巧細膩，顯得聰慧內秀。
嬰兒是個男孩，個大健壯，一看就不缺營養，其包裹的用品也都
是新買的。看我問這問那，太太有點害羞，看著懷中的嬰兒不好

意思地說：「你看他長得不好看，是不是像我很醜呀？」我趕忙說：「你怎麼醜呢？你現在是一個偉大的母親了。男孩小時候醜，長大後會更帥氣的。」小兩口聽完我的話後，哈哈地笑了起來。多麼幸福美滿的藏胞新一代，還有新一代的下一代。

開始拍照時，怕不樂意，就趁他們不注意時舉起相機抓拍了一張。儘管車內光線很暗，但還是用自然光拍的，因為閃光怕影響嬰兒。一般說，給幾個月內的嬰兒拍照，最好不要用閃光燈直射照明，以免對嬰兒造成不必要的驚嚇和傷害。

交通提示：去林芝方向是在拉薩汽車東站乘車，每天有很多班次。價格視車型而定，大客車 100 元人民幣，依維柯中型巴士 120 元人民幣，越野車 150 元人民幣，小轎車 150 元人民幣。全程 400 多公里，大車八九個小時到達，小車六七個小時到達。林芝八一鎮公車很少，計程車上車 10 元人民幣，腳踏三輪車一般 3 ～ 5 元人民幣不等。

住宿提示：林芝城區一般旅館標準客房價格在 100 元人民幣上下。其他旅館要便宜些。如果是旅遊旺季，所有旅館、招待所的價格要上浮，隨行就市。

消費提示：消費提示：飯店、餐廳以川味為主，兼有當地藏味菜餚，高中低階都有。餐廳的衛生條件不錯，因旅遊淡季，餐廳晚上關門較早。我多在「老拉薩」粥店用餐，這裡以粥為主，兼有藏味特色菜餚，服務周到，價格適中。

城區商店多集中於中心區一帶，商品豐富，價格適中。地方特色土產品種類繁多，同樣的商品在不同的商店裡，價格差別很大，尤其是各種野生菌類更是這樣。像冬蟲夏草、藏紅花一類的高級商品，品質、價格相差較大，購買時需慎重。

健康提示：在海拔 3000 公尺以上，人的心率會加快。在拉薩，室內活動反應不明顯，室外活動反應就很明顯，尤其是上下樓或提拿物品反應就會更明顯，主要是氣喘、無力等症狀。要連續服用紅景天、葡萄糖粉。最好每次餐後喝上一兩杯優酪乳，補充體力。

攝影提示：拉薩光照好，光比大，切忌曝光過度。出行時如乘大客車不要坐在最後一排，免得顛簸、灰塵大。車上拍照，手臂儘量不要靠在車窗或靠背上，最好懸臂手握相機，免得震動。

第六章

魯朗通麥聞名遐邇

林芝至波密→色季拉山→魯朗林海→通麥天險

上午 10 點多，從林芝去波密（海拔 2850 公尺），路程 230 公里，也是 318 國道（川藏線）的一部分。除通麥天險路段的十幾公里沙土路面外，其餘為瀝青柏油路。一路上晴朗少雲，溫濕度適宜，感覺舒適。這段路不算長，但聚集著舉世矚目的亮點，即魯朗林海和通麥天險。一個是人們憧憬的天堂般美景，一個是望而生畏的地獄般天險。翻過色季拉山（海拔 4620 公尺）便是魯朗鎮（海拔 3870 公尺）。鎮雖小，但轄區的林海面積很大，波瀾壯闊，一眼望不到邊。魯朗林海以及下面的草地牧場、藏式村落，景色優美，素有「東方瑞士」的美譽。

1111111111111111111

從魯朗鎮到排龍鎮（海拔 2010 公尺）幾十公里，一路急促的下坡，兩邊是林蔭大道，汽車在林中穿行感覺很爽。但好景不長，到了排龍就是天險路段的起始，16 公里到通麥鎮（海拔 1800 公尺），此路段就是大名鼎鼎的通麥天險（也稱通排天險）。這裡的路是修了斷、斷了修，長此以往成了拉鋸戰。春、秋季節是天險較為平靜的時段，除個別路面有點積水、泥濘、狹窄外，基本上能保證車輛通行。

1. 色季拉記憶

上午 10 時左右，從林芝出發到波密。坐在豐田越野車上的感覺就是不一樣，心裡踏實有底。在拉薩就聽說西藏公路最認得就是豐田越野車，舒適、安全、動力強勁。為方便拍照，我坐在了最後面的座位上。車行十幾公里，路過林芝縣城邊，看上去與八一鎮大不一樣，一幅老城的模樣，街道、房子、商店包括人的穿著都顯得老氣，老有老的滋味，老有老的魅力，本想拿出相機拍照，但車速太快，一閃而過沒照成。

車過林芝縣城後便開始爬坡，彎道很多，多少個也數不清了，有些彎道角度幾乎是 300 多度。從地圖上看，這段路就像大地擰出來的麻花，而且是一長串。豐田越野車這時才顯示出它的威力來，呼呼地往上躥。司機師傅播放著藏歌，一曲又一曲，一遍又一遍，非常動聽，令人陶醉。從拉薩出來時，中型巴士司機師傅也是不停地播放著藏歌。看來這已是藏區長途車的規矩了，很及時和必要，在單調乏味的旅途中，需要調節一下氣氛。

從拉薩到林芝的地形是一上一下，從海拔 3700 公尺上到
5000 公尺，過米拉山後再下到 3000 公尺。林芝到波密的地形也
是一上一下，從海拔 3000 公尺

色季拉山口，陽光與雪花共舞，一道新鮮的風景

地點：色季拉山　相機：佳能 G10　ISO 速度：100　曝光：1/125 秒　光圈：5
焦距：60 毫米　曝光補償：-0.7　拍攝方式：車窗外盲拍

上到 4600 公尺，過色季拉山後下到 2850 公尺的波密，地形
上較為相似，但景緻上卻大相逕庭。這一路林木繁茂，滿目蔥蘢，
即便在海拔 4680 公尺的山頂上也是如此。路邊的樹木整齊排列，
像歡迎客人的迎賓隊。松樹上長長的松蘿絲掛，隨風飄舞，像上
下揮動的旗幟。山頂的氣候更是瞬息萬變，一會兒晴，一會兒陰，
一會兒雨，一會兒雪。

　　車從色季拉山頂上下來後，有一段平緩的路，沿途有幾家像樣的餐廳，司機安排乘客在此吃午飯，我想不能錯過這個拍照的好機會。顧不上在餐廳吃，簡單吃些點心，立刻到公路對面的草地上拍照。近處有犛牛吃草，遠處有森林、高聳的雪山，畫面很完美。那座雪山應該是南迦巴瓦峰，都說在色季拉山上能看到它。這座山峰很有名氣，海拔 7780 公尺，是世界 15 座最高山峰之一，但山頂上經常雲霧繚繞，很難看到真面目。這次也是有些羞澀，猶抱琵琶半遮面。

雪山下的高原牧場，平展又安逸

地點：色季拉山 相機：佳能 G10 ISO 速度：100 曝光：1/500 秒 光圈：8
焦距：60 毫米 曝光補償：-0.7

高聳的南迦巴瓦峰常常被雲彩簇擁著，偶爾顯露崢嶸

地點：色季拉山　相機：佳能 G10　ISO 速度：100　曝光：1/500 秒　光圈：8

焦距：120 毫米　曝光補償：-0.7

　　這是我到西藏後第一次走進牧場草地，近距離欣賞氂牛、森林和雪山，心情有些激動。想抓緊時間拍照，誰知沒拍幾張，相機沒電了，急得直跺腳，這時又發生了一個高原反應的小插曲。原來停車吃飯的地方是色季拉山下面，海拔高度應該 4000 公尺左右。下車後感覺還可以，就朝遠處緩坡走去，一面走一面拍，心曠神怡的，誰料興致正高時相機沒電了，就想趕緊回餐廳充點電。返回時，步伐有點快，又是上坡，呼吸一下急促起來，有點緊張就走得更快，想快點回到餐廳，但越快呼吸越急促，越急促就越想快，惡性循環。等到離餐廳還有十幾公尺的時候，已經上氣不接下氣，身上也發軟，頭沒疼，但有點暈，缺氧的症狀十分明顯。這時，唯一的念頭和希望，不是吸氧，而是趕快喝葡萄糖水，這似乎成了我關鍵時刻的救命稻草。到餐廳後，馬上沖了半杯濃濃的葡萄糖水喝下。接著充電，坐在凳子上靜靜地休息。

　　這是自己第二次遭遇高原反應的襲擊，不是急風暴雨，也算是激流勇進。奇蹟又出現了，幾分鐘後，症狀減輕，身上感覺正常了。沒想到葡萄糖水加休息，這麼快就解決了高原反應的問題。

2. 魯朗名天下

車行不遠就到了魯朗。魯朗是林芝縣下轄的一個鎮，位於川藏線上的深山密林之中，鎮子不大，人不多，但名氣很大，「魯朗」藏語意為「龍王谷」，是龍王爺居住的地方，也是「叫人不想家」的地方。素有「西藏江南」、「東方瑞士」的美譽。

提起魯朗的名氣，主要有三條：一是魯朗林海，聞名遐邇。西藏的森林保有量在全國占第一位，林芝森林面積在西藏也占第一位，魯朗林海的密度、樹種、質量等，在林芝地區縣、鎮中又占第一位，可見魯朗林海的地位之高，名氣之顯赫。魯朗區域內樹滿青山、河流縱橫，有規模巨大、碧綠蒼翠的原始森林，又有典型高原狹長地帶的草甸，兩側青山由低到高分別由灌木叢和茂密的雲杉、松樹組成。草甸中，溪流蜿蜒，泉水潺潺，頗具林區特色的木籬笆、木板屋、木頭橋及農牧民的村寨錯落有致，勾畫出了一幅幅恬靜、優美的「山居圖」。魯朗林海大氣磅礡、風光秀麗，遠處的雪山、冰川，與近處的原始森林、村落、河流交相輝映。每年 4 月中旬到 6 月初，這裡的杜鵑花海更為林區增光添彩。從色季拉山的公路下來，能看見半山腰的一處觀景臺，路邊有專門的汽車停車場，以便更好地觀賞原始森林和山地草甸。由於這裡植被好，負氧離子含量高，所以空氣非常新鮮，與其他海拔 3000 多公尺的地區相比，感覺是絕對不一樣的。

著名的魯朗林海，像一排排整齊列隊的士兵

地點：色季拉山 相機：佳能 G10 ISO 速度：100 曝光：1/50 秒 光圈：5

焦距：80 毫米 曝光補償：-0.7 拍攝方式：車窗外盲拍

廣闊的原始森林，恰似一道道綠色屏障

地點：色季拉山 相機：佳能 G10 ISO 速度：100 曝光：1/600 秒 光圈：6.3

焦距：130 毫米 曝光補償：-0.7 拍攝方式：車窗外盲拍

　　二是魯朗石鍋雞，大名鼎鼎。由當地石材製作的石鍋，是一種叫做「皂石」的墨綠色雲母石砍鑿而成，據說富含鎂、鐵等十幾種特殊礦物微量元人民幣素，而且保溫性好。燉製的主料是藏土雞，這種雞，是山上散養的，耐寒耐缺氧，肉質細嫩。還有以本地高海拔土特產手掌參、松茸菌、青岡菌、牛肝菌、松蘑菌等為輔佐材料，口感好，營養價值高，是享有盛譽的綠色天然食品。燉雞用的水，是雪山上流下的溪水，經石鍋慢火燉製的石鍋雞風味非常獨特，雞肉嫩而有彈性，湯有一股淡淡的山珍清香味。

一處處籬笆墻呵護著牧場，形成了一道道迷人的風景

地點：色季拉山　相機：佳能 G10　ISO 速度：100 曝光：1/1600 秒　光圈：5
焦距：35 毫米　曝光補償：-0.7　拍攝方式：車窗外盲拍

　　三是藝術家名副其實的創作天堂。在這「龍王」來了也想長期駐足的地方，在這生機盎然和美景如畫的地方，藝術家們尤其是攝影愛好者隨時都被吸引過來。有自駕車最好，可以隨心所欲地過把癮。沒車也無妨，可以乘坐客運班車，一路觀賞一路拍照，也是個心滿意足的事情。如果能住上一兩天，欣賞到這裡的早、晚霞光，那就更完美了。也許西藏大部分地域都像彪形的漢子，但魯朗這地方絕對像個柔美的少女。人們見到她會感到眼前一亮、耳目一新、一見鍾情、終生難忘的。

3. 揪心的「天險」

　　激流的河水在此不再是美好的象徵，而成為險惡的收容地，不斷的坍方令人小心翼翼

地點：川藏線通麥天險　相機：佳能 G10　ISO 速度：100　曝光：1/300 秒

光圈：6.3　焦距：28 毫米　曝光補償：-0.7　拍攝方式：車窗內

　　俗話說：彩虹總在風雨後。但有時風雨也在彩虹後。在享受過魯朗林海的美景後，一路下坡，車行三四十公里，就要感受到「通麥天險」的險惡了。「通麥天險」是指從排龍鎮到通麥鎮之間約 16 公里的路段。通麥小鎮，海拔 1800 公尺，氣候溫和，雨雪豐沛，山高谷低，地質複雜。川藏公路從這裡經過，沿線山體土質疏鬆，附近雪山河流密布。天氣暖和時，遇風雨或冰雪融化，極易發生土石流和坍方，天險處號稱「世界第二大土石流」地段，因此通麥一線也有「死亡路段」、「通麥墳場」的綽號。

通麥天險中一處艱難路段，懸崖絕壁、路窄濕滑、彎道陡急

地點：川藏線通麥天險 相機：佳能 G10 ISO 速度：100 曝光：1/125 秒

光圈：5.6 焦距：28 毫米 曝光補償：-0.7 拍攝方式：車窗外盲拍

　　從照片可以看出，公路一側是刀削斧砍般的石壁，一側是滾滾而下的帕隆藏布江水，中間是一條很窄的泥巴路，車身必須緊貼著山壁才能慢慢穿過。「川藏路難，難於上青天」，其中艱難之一就是「通麥天險」。天險有一著名的 102 坍方段，即 102 道班處是最危險的。這段路非常窄，全線單行，經常是武警戰士揮著旗子，指揮來往的車輛有序放行，幾十年來在此路段遇難葬身江中的車輛難以計數。當年成都軍區汽車團的 10 位官兵，執行任務路過 102 坍方段時，不幸被土石流掩埋犧牲。為此，通麥鎮還修建了一處大型烈士雕像來紀念他們。

堵車在這裡是家常便飯

地點：川藏線通麥天險 相機：佳能 G10 ISO 速度：100 曝光：1/125 秒
光圈：5.6 焦距：28 毫米 曝光補償：-0.7

　　這個路段是年年損年年修，修的沒有損的快，每年大小滑坡坍方不計其數。據路邊的介紹牌講，102 路段自 1991 年以來大面積滑坡經常造成斷路，時間最長的一次達 170 天。通麥的地質特點實在特殊，因此國家準備將這地方確定為易貢國家地質公園，規劃區內包括了雅魯藏布大峽谷、帕隆藏布大峽谷、102 滑坡群等地質地貌景觀及地質災害遺蹟景觀。每年 6 ～ 8 月份雨季，是「通麥天險」路況最險惡的時候，10 月份以後相對安全，但一路上仍是滿目瘡痍，雨季破壞的險狀歷歷在目。剛走到天險的邊緣，就會不時看到路邊警示牌，告示前面的柏油路已沖斷，只能繞道而行，假如是遇到路邊懸崖峭壁，就徹底斷路了。通麥大橋原來是一座寬敞的水泥橋，前幾年遭遇特大洪水，硬是把橋給沖跑了。武警支隊的官兵夜以繼日地奮戰三個月，才又架起了現在這座臨時性鋼鐵大橋，雙向只有一個車道，一方過另一方停。

天險地段，像這樣的水路很常見

地點：川藏線通麥天險 相機：佳能 G10 ISO 速度：100 曝光：1/600 秒
光圈：5 焦距：28 毫米 曝光補償：-0.7

　　像這樣路上排隊、擁堵遇到了幾次，主要是前方路窄車輛單向行駛，所以需耐心排隊等候。越是在困難的時候，越體現出精神和姿態的重要。堵車了怎麽辦，就得有司機師傅讓開車道，否則，大家堵著都別走。以前的積水到現在還是挺深的，能想像到當時的洪水是何等肆虐。

一場風雨後，幾棵大樹被颳倒橫在公路上，交通會短暫中斷
地點：川藏線通麥天險　相機：佳能 G10　ISO 速度：100　曝光：1/600 秒
光圈：5　焦距：28 毫米　曝光補償：-0.7

　　看到山上滾落的大石頭還逍遙自在，沒到它應該去的地方。看到車輪子緊貼著公路邊緣，散落的石頭支撐著路基，不免有點心驚肉跳。這裡的滔滔江水已失去了平日美麗的光環，成了兇險的殺手。山上的石頭也不再是雄偉的象徵，而成了虎視眈眈的惡

魔。平坦的大路上，突然禍從天降，幾棵大樹倒在路中間，只能靠護路的官兵和民工將它們制服。

由此，深深感悟到，人的生命在大自然面前多麼脆弱。幾秒鐘，大樹就有可能砸在行駛的汽車上，裡面的人難免遭殃。瞬間，洪水就會從山而降，把行駛的車輛沖到河裡去，車毀人亡。這次透過「通麥天險」時有驚無險，過後心想，走這條公路真像觀看一部悲喜連續劇，色季拉山、魯朗林海是喜，通麥天險是悲，劇情是那麼激動人心、起伏跌宕、驚心動魄。

什麼原因形成了這麼著名的天險，原來這段山體，是罕見的土、沙、石地質結構，土不是黏性的，沙是粗的，石頭多是大大小小的鵝卵石狀，名副其實的一盤散沙。山體缺少黏結的成分，一有風吹草動，山體便會興風作浪、伺機搗亂，造成嚴重的自然災害。研究人員曾長期在此作調查研究，在山上打了無數個鑽眼，常常深至幾十公尺、幾百公尺時還無法探到岩石類的硬底，實在無法加固。加上這一帶海拔才一千多公尺，氣候溫和，雨水充沛，而且又處於喜馬拉雅山和念青唐古拉山兩條山脈的匯合處，山高坡陡。公路建在最下端，什麼自然災害都交會到這裡，成了大自然地地道道的出氣口。

就在通麥天險堵車的時候，人們都下車休息或察看一下路況。聊天時，有個行政人員模樣的人，突然冒出幾句讓在場所有人都興奮不已的話。他說：「上面已經定了，準備在通麥到排龍段打三個、架兩座橋，徹底整治好這段路，已列入『十二五』規劃了。」

大家聽後認為總算有盼頭和希望了。既然對付不了大自然，就不要硬拚了，惹不起還躲不起嗎？改道從山的肚子裡穿過，是個好辦法，這樣行車就可以高枕無憂了。等到隧道公路通車時，「通麥天險」就從一個恐怖、災難的代名詞，變為一個沉重而又難忘的歷史符號，深深銘刻在 318 國道上了。

4. 兵後代新傳

在波密住一宿後，第二天上午就返回林芝了。又是乘坐豐田越野車，車內乘客有漢族也有藏胞。開車的師傅姓張，臉盤消瘦，面色黝黑，看上去四十多歲，一會兒普通話一會兒藏語，很健談。我大都聽不懂，從語音和模樣上分不出他是藏族還是漢族。

因遇路上堵車，乘客都下來活動。我趁機問司機張師傅：「你普通話講這麼好啊。」心裡是把他當做藏胞的。他笑笑說：「我是漢人嘛。」我又問：「那你的藏話也講得很流利。」他接著說：「我在這裡長大的，藏話能不流利嗎？」我恭維地說：「你是老西藏了，值得敬佩呀。」他忙回答：「我不算老西藏，我爸才是老西藏，他是十八軍的。」聽到「十八軍」，心想感到太熟悉了，那可是個英雄的部隊，當年在軍長張國華率領下進軍西藏，立了大功也吃盡了苦。我岳父當時就在十八軍，也是第一批進藏的，常聽他回憶起那段光榮的歷史。沒想到在這裡遇到了岳父老戰友的孩子，高興地說：「哎呀，我岳父和你父親是老戰友啊，應該向你父親致敬，向你學習。」他也很高興，說挺巧的。

　　濕滑路段，從車的反光鏡裡看到司機張師傅沉著冷靜、從容
應對的神態

地點：川藏線通麥天險　相機：佳能 G10　ISO 速度：100　曝光：1/60 秒
光圈：5　焦距：28 毫米　曝光補償：-0.7　拍攝方式：車窗外盲拍

　　路通了，張師傅繼續開車上路。前面就是赫赫大名的「通麥天
險」，現在雖不是雨季，但路還是那麼泥濘不堪，有些路段水挺
深的。右面是陡峭的山崖，左面是奔騰的江水，路面又那麼濕滑，
一不小心就有滑落下去的危險，我看著車外直揪心。可張師傅沉
著冷靜，遇險不慌，駕起車來起步慢、爬坡穩、剎車靈、方向準，
不愧是行駛山路的一把好手。車到了一個道路極為狹窄、路面非
常濕滑的地帶，眼瞅著前面的麵包車一邊爬坡，一邊吊著屁股，
跟扭秧歌一樣，很危險。張師傅開的車是四輪驅動，抓地性好，

再加上他的技術、他的經驗、他的沉著使車穩穩當當地向前行進，沒有出過一丁點讓乘客擔驚受怕的事情。看來在高原走險道，一要選個好車，二要能碰上個有經驗的司機師傅。

終於過了「通麥天險」的地段，大家鬆了口氣，張師傅輕快地說：「現在這路算好走的，如果到了冬天下大雪、夏天下暴雨的時候，那才叫難走呀。」我忙問：「那時候你們也敢走？」張師傅說：「除了斷路不能跑，其他時間沒停過。」心想真是個了不起的漢子、了不起的師傅。是啊，這點困難比起當年十八軍開山築路的時候，算得了什麼，那時候的苦和難比現在要多出上百倍。從張師傅身上能看出當年十八軍的勁頭來，真是可欽可敬。

車過了魯朗鎮，路邊有幾家餐廳，停車吃午飯。好像來去都有個不成文的規矩，在魯朗林海這個路段上總要吃頓飯，一是準備過通麥天險或剛從通麥過來，休息一下，填飽肚子。二來順便觀賞一下林海的美景，一舉兩得。到了餐廳我還鬧不清是一個人吃呀，還是車上人集中一起吃。這時候張師傅跟餐廳人熟，像個旅行團的領隊，張羅著點菜。這時我才明白大家一起吃，只有入鄉隨俗了。

大家圍在一桌就餐很開心，真像朋友一起聚會。這時我突然冒出個想法，就是到了藏區得有個表示。等快吃完的時候，我主動到服務臺把一桌的餐費給結了。回到飯桌上，自己動情地講了幾句：「第一次到西藏來，感到非常美好和難忘，也有幸認識了我岳父戰友的兒子張師傅，在西藏奮鬥這麼多年不容易，很值得

敬佩。另外有緣和幾位去拉薩朝聖的藏胞一路同行，十分榮幸，相信你們也會給我帶來好運的。為此，今天的飯錢我付了，算是一點小小的心意，希望大家能夠接受這份情意。」話音剛落，張師傅馬上客氣地說：「那怎麼行，怎能讓你一人破費。」其他人也說不行不行，我說「不用客氣，錢已付了」，在座的連忙道謝。看來他們都沒想到我會有這個舉動，其實當時也沒過多想法，只是一個閃念。現在回想起來挺值，青藏高原一路下來如此順利，不報答神，還不能感謝一下為我們服務的人嗎？人不管什麼時候都不能光想著索取和得到，還應該講點回報和給予。這樣，生活起來才能更加心安理得、心理平衡。

5. 高揚的經幡

　　汽車在疾駛，窗外響著「呼呼」的風聲，高原上的風是比較大的。這裡的風已不單是一種純粹的自然現象，而是被人們賦予了一種特殊功能，即傳遞某種訊息。高原上凡是人能到的地方，都插著或掛著風馬經幡。風馬的意思是：風是傳播、運送印在經幡上的經文遠行的工具和手段，是傳播運送經文的一種無形的馬，馬即是風。據說印有經文、各種畫像、圖案的「風馬」經幡，最早出現於噶舉教派寺院的旗繩上。藏傳佛教主張信徒循環往復地誦唸經文，特別是六字箴言，只要反覆誦唸，便可積累功德。當印有六字箴言的「風馬」經幡被風吹起時，發出「嘩啦嘩啦」的聲音，彷彿在誦唸經文，不停地向神傳達人的願望，祈求神的庇護，從而達到祈福消災的目的。所以無論寺廟還是山頂等醒目的地方，都會豎起高達數公尺的經幡柱，將風馬經幡高高掛起。

路旁的經幡，既為人們祈福，也成了亮麗悅目的風景

地點：川藏線通麥天險　相機：佳能 G10　ISO 速度：100　曝光：1/500 秒

光圈：5.6　焦距：28 毫米　曝光補償：-0.7　拍攝方式：車窗外盲拍

　　同車的幾個藏胞帶了很多經幡、風馬紙片，準備在山上和去拉薩朝聖時用。當到達色季拉山山頂時，車停在了路邊上。藏胞下車舉著經幡向高處走去，在已經掛了很多經幡的牛毛繩上繼續懸掛自己帶的經幡。色季拉山上的經幡掛得又多又密，而且種類多、色彩艷、質地新，非常壯觀。這是我第一次見到這樣的情景，也下車觀看。然後不由自主地湊向前去，舉起相機拍照。誰知竟忘了這裡是海拔 4600 多公尺的事，想爬上山坡多拍幾張。但只邁幾步，就感到兩腿發軟，呼吸急促，好在頭沒什麼感覺。趕緊收住腳步，原地不動地拍照後，慢慢地退到路邊休息。

藏胞在色季拉山上懸掛經幡

地點：色季拉山　相機：佳能 G10　ISO 速度：100　曝光：1/200 秒　光圈：8
焦距：35 毫米　曝光補償：-0.7

　　後來向藏胞請教經幡的作用，他們說，五彩經幡代表不同的
含義，總的說是吉祥如意的。經幡掛在高處，容易被風吹動，也
有的掛在危險路段上，祈求保佑人們的安全。也可在出過事故的
地段插上白黃色的風馬旗，表示一種警示和有為受難人超度的作
用。

　　現在看來，經幡的出現不單有宗教意義，而且還具有較高的
審美情趣和觀賞價值。它的色彩、它的圖案、它的形狀都包含了

部分藝術特性，並有一定的歷史價值、人文價值和美學價值。試想，人們在極度荒涼、單調的高原戈壁中，看到高高飄揚的經幡，就容易蕩滌掉心中的灰暗和陰霾，看到希望和力量，因為經幡是代表他們向神祈求的紐帶。這裡，就連我們一般人看到經幡後，也會感到眼前一亮，被這些飛舞的色彩攪動起沉寂的心態，心情頓時變得愉悅、陽光起來。可能是高原的自然災害太多了，人們不得不想出各種方法來對付，至少這樣在心理和精神上會得到一些平衡和安慰。

交通提示：從林芝到波密方向去在八一鎮汽車站乘車，每天有很多班次。價格視車型而定，大客車 80 元人民幣，中型巴士 100 元人民幣，越野車 130 元人民幣。價格比拉薩至林芝段略貴，主要是中途天險路段非常難走，又常堵車。

消費提示：魯朗鎮飲食有名、風景秀麗，加上地處交通要道，是往返車輛的就餐點。沿途幾家餐廳，多為外地人經營，門面挺大，猜想旅遊旺季時就餐的人更多。菜餚味道不錯，米飯都是南方的粳米，較硬。飯菜價格比林芝略高。

健康提示：出林芝後要翻越色季拉山，這樣海拔從 3000 多公尺一下到 4600 公尺，然後很快就下到 1800 公尺，再上到 3000 多公尺，到波密海拔是 2850 多公尺。因在山頂時間不長，一般在車上沒有太大的反應。

攝影提示：此路段是西藏絕無僅有的集雪山、林海、牧場、河流、村落於一身的景觀大道，是藝術家創作的天堂，的確是個吸引眼球又上鏡的地方。另外往返班車都要在魯朗附近停留就餐，一般都在 40 分鐘到一個小時。這對攝影人來說，是難得的拍照機會。

第七章

八方來景美不勝收

波密帕隆藏布江→龍牙喊泉→易貢河谷→雲杉自然保護區→
冰川 多東寺→喜馬拉雅東麓→墨脫

　　下午 4 點多，到達了波密縣城。波密不但名字動聽，風景也
很美麗。到達時天空晴間多雲，溫濕度適宜，空氣新鮮、清爽。
四周是茂密的森林和雪山，巍峨壯觀，一個十足的天然大氧吧。
傍晚，雲量多起來了，開始時晚霞效果不太好，後來迴光返照，
彩霞朵朵，無比壯麗。

　　夜裡下了場小雨，第二天早上景色更加迷人，大有「隨風潛
入夜，潤物細無聲」的韻致。這裡山水相間，每個方向的景緻都
不盡相同，各具特色。隨著天色大亮，溫度升高，山間雲霧繚繞
的景象愈發精彩。太陽的升起，讓雲霞披上了繽紛的盛裝。我手
托相機四面出擊，忙完拍照後，上午 10 點多乘車返回林芝。隔日
上午 10 點，又從林芝返回拉薩。

1. 波密有四絕

經過一路顛簸，終於到達了波密縣政府所在地扎木鎮。下車後，在附近的昌都旅館住下，標準客房每天 60 元人民幣，這個季節人少，整個二樓就我一人住宿。休息了一下，一看還早就出去了。縣城不大，一條主街道即 318 國道穿城而過，另有幾條小街道分布其中，比較有序。城裡有計程車和腳踏三輪車，我坐上三輪車從這頭到那頭，兜了個圈。當看到城東南面有座橋時，便去橋上轉了轉。這是座新建的水泥公路大橋，橋下是奔流不息的帕隆藏布江水，有一兩百公尺寬。江水貼著縣城邊流去，不遠處還有一座橋，看樣子像座老橋。

在橋上拍了幾張照片後，發現走過來幾個小學生。這時，一個小學生問：「叔叔，你拿相機拍什麼呀？」我說：「拍你們這裡的風景，拍雪山。」她說：「雪山這麼遠能拍上嗎？」我趕忙把相機焦距拉近，讓她們過來看取景框裡顯示的圖像，她們看了很好奇，接著分別拍了照，還合了影。從螢幕上看到她們自己的模樣，都很高興。接著她們又請教怎麼拍，然後她們自己對著雪山學拍了幾張，更是興奮不已。

波密中心小學三個活潑可愛的小學生

地點：波密縣城 相機：佳能 G10 ISO 速度：100 曝光：1/60 秒 光圈：4

焦距：28 毫米 曝光補償：-0.7 閃光燈：開啟

我請她們把地址留下，日後洗好照片給她們寄去。地址、姓名是：西藏林芝地區波密縣中心小學五（2）班，索朗玉珍、措姆、德青拉姆。看到名字後，一看全是藏胞，普通話講這麼好，藏語應該更沒問題，雙語都這麼好，真不簡單。她們活潑可愛、聰明伶俐、勤學好問。從她們身上我看到了西藏教育發展的希望，也看到了藏區社會、經濟發展的美好未來。

各地一般都有自己獨有的特色和絕門，波密也不例外，有喊泉、茶葉、雲杉、冰川四絕，這四絕不僅在青藏高原是數得著的，而且還享譽國內外。

一絕：龍牙喊泉。從波密縣城東行20多公里，在川藏公路邊的青岡林上去約400公尺，就會看到一座萬丈懸崖，懸崖邊便是遠近馳名的龍牙喊泉。遊人至此，只要大聲喊「請放水」或用石塊敲崖石，崖石縫中就會很快湧出涓涓細流，先是點滴淌出，隨後流量逐漸加大。喊一次泉，流出時間大約持續半個多小時。相傳，喊泉的水很不尋常，有治療胃病、腸炎、小兒軟骨症、牙痛、風濕關節炎等的功效。因此，喊出泉水後，人們總是要先喝上幾口，然後再洗臉洗腳，或加熱後洗澡。長期以來，不僅一般藏族群眾到此喊水，而且還有製藥企業也來此取水，運回去製藥用，據說能增加藥效。

二絕：波密易貢河谷盛產的茶葉。這裡產茶歷史雖不長，但近年來在國內茶葉評比中多次獲獎，為國內外很多商戶所青睞和推崇。群山環抱的易貢，林木蔥鬱，終年雲霧繚繞，平均氣溫適

中，冬暖夏涼，降水豐沛，無霜期長；土質沙性大，有機質豐富，土壤肥沃，沒有任何汙染，非常適宜茶樹生長。自1964年種茶以來，茶場規模不斷擴大，如今已創出了「珠峰聖茶」名牌。經檢驗，易貢茶葉茶多酚含量相當高，茶水浸出有機物含量高，還發現了一般茶葉中所沒有的、對人體十分有益的特殊營養物質。

三絕：雲杉林木。雲杉木質軟輕、紋理通直、節小、易加工，還有很好的共鳴性，常用於樂器製造，同時也適用於橋樑、特殊建築等，因屬於稀缺林木而彌足珍貴。波密雲杉林蓄積量總面積4000多公頃，遠遠超過國內外同類林區，1984年被劃為森林生態系統自然保護區。保護區海拔2700公尺左右，氣候溫和濕潤。林區內山高樹密，古木參天，長勢十分整齊，樹圍都在4至5公尺以上，高達80公尺左右，樹齡都在300～400年。單株樹木的木材量多達60立方以上，是世界上迄今所知出材量最高的林木。

波密周圍茂密的雲杉林

地點：波密縣城 相機：佳能G10 ISO速度：100 曝光：1/600秒 光圈：4.5
焦距：120毫米 曝光補償：-0.7

　　四絕：冰川。中國的冰川大都集中在西藏，而西藏最美的冰川在波密境內，這裡的冰川多達數百條，冰川末端最低海拔只有2000多公尺，也是世界上海拔最低的冰川。波密縣城西南3公里處有座多東寺，掩映在密林環繞中的殿堂威嚴華麗，如是晴天，金頂寶殿在陽光的照射下顯得特別引人矚目，從照片上可以看到多東寺的輪廓來。從多東寺旁邊的路向上，南行穿過雲杉林，沿途就能看到懸崖上雪山冰峰拖著的長長冰川，彷彿進入冰雪世界，這就是嘎瓦龍冰川。也是離波密縣城最近的，只有30多公里，另外朱西冰川也只有40多公里路。波密縣境內著名冰川還有米堆冰川、來古冰川、卡欽冰川、則普冰川等，其形狀、姿態、遠近、規模會有不同，但精彩與魅力程度都是一致的。

坐落在綠蔭叢中的多東寺，超凡脫俗，如同仙境一般

地點：波密縣城　相機：佳能G10　ISO速度：100　曝光：1/100秒　光圈：5.6
焦距：140毫米　曝光補償：-0.7

2. 香濃酥油茶

在波密住的旅館是西藏昌都一個藏胞老闆開的。樓下是接待室和商舖，樓上二、三層是客房。以前就聽說過昌都人擅長經商，因為昌都地處西藏、青海、四川三省區交匯的地方，是最繁忙的交通樞紐，各地人員交往頻繁，商品貨物往來密集，無形中經商意識濃厚，多年來造就了不少商界精英。

晚上，我回到旅館，看見老闆正在樓門廳裡，便攀談起來。老闆普通話講得不錯，他客氣地請我喝他自己家做的酥油茶，出於禮貌我沒有回絕。以前雖沒喝過酥油茶，但喝過奶茶，感覺不太順口，實在害怕酥油茶會比奶茶更不習慣。開始讓他少倒些，還不敢馬上喝，慢慢地抿了一點，感覺味道很好，濃香濃香的，遠遠超出了開始的想像。老闆又給倒上，我直道謝，心想不能多喝了，酥油茶是很珍貴的茶飲，喝多了不好意思。

喝的同時，我也好奇地向老闆詢問、討教酥油茶的做法、作用等常識。他說：「先在牛奶中提煉出奶油來，以前是純手工，將鮮奶加熱，倒入一個木桶裡上下抽打，來回數百次後攪得油水分離，上面浮起一層黃色的油，舀起來便是酥油。現在，除牧區外，都逐漸使用了機器提煉酥油，省事多了。一般來說，每百斤牛奶能提取五六斤，主要放在酥油茶裡喝，也可放在糌粑裡調和著吃。然後將茶葉或磚茶摻水熬成濃汁，倒入桶裡，放入酥油和少許食鹽或糖，攪拌油茶交融後加熱，便成了噴香可口的酥油茶了。」以前從資料上瞭解到酥油茶是高原上的一種茶飲珍品，喝著爽口、

濃香，營養價值高，含有大量的維生素，能暖身禦寒，抗疲勞耐缺氧。接著又問：「喝酥油茶是不是也能預防感冒？」他說：「對，我們以前吃菜不多，主要靠酥油茶補充一些營養，確實能造成提高人的抗病能力的作用。」我開玩笑地說：「什麼時候也推廣一下，讓我們也能天天喝上既營養又可口的酥油茶。」他說：「這裡有成盒包裝的酥油茶，可以帶回去嘗嘗，用開水一沖就能喝。」後來，買了幾盒帶了回來。

3. 喜馬拉雅風采

喜馬拉雅山東麓由於位於亞歐板塊、印度板塊兩大板塊交匯處，地理環境複雜，海拔高度懸殊，氣溫變化大，加上四季都受到印度洋北上的濕潤氣流影響，水氣豐沛，一年到頭雨雪不斷，是一個生物多樣化豐富、景緻優美而又變幻無窮的地區。

熾烈的彩雲像一團燃燒的聖火

地點：波密縣城　相機：佳能 G10　ISO 速度：100　曝光：1/125 秒　光圈：5.6

焦距：80 毫米　曝光補償：-0.7

　　波密縣城就坐落在帕隆藏布江兩岸較為平坦的谷地上，四面環山，主要建築都在江北岸。南北離山近，東西距山遠。這些山，雖沒有具體的名字，但其背景和身份非同一般，屬於喜馬拉雅山東麓的脈系，其模樣和形狀非常出色，用雄偉峭拔、各領風騷來形容一點不過分，其風采可與國內外名山大川景色相媲美。前面提到波密有四絕，實際上還應該加上一絕，那就是景色絕佳。

　　剛到波密時，天空雲量增多，落日的霞光被雲層遮住，偶爾露一下崢嶸，絢爛奪目。高原的太陽就像一個大聚光燈，想把光芒照到什麼景物上就能準確地照上去。這個雲景就很奇特，霞光照到的雲彩金光燦爛，多麼像一隻靈活的毛茸茸小鴨子，而其他雲彩都黯淡失色。見到此景，不免使人想起了古時「鵝，鵝，鵝，曲項向天歌」的詩句。

一朵神祕的金色彩雲

地點：波密縣城 相機：佳能 G10 ISO 速度：100 曝光：1/125 秒 光圈：5.6

焦距：140 毫米 曝光補償：-0.7

晚上，聽到窗外有動靜。一看，下雨了。一般說，在這個季節，山下是雨，山上必定下雪，而且雨雪不會太大。明天早上能停的話，雲開日出，那將會迎來一個絕妙好景。回想起十多年前去黃山遊覽，白天晴好，夜間下了一場小雨，第二天雨過天晴，雲海從山坳中冉冉升起，映著霞光繚繞在山間奇峰之中，光彩迷人。

第二天早上，我一看雨已停了，馬路上濕漉漉的，沒多少積水，心想有天晴的兆頭。抬頭望去，看見對面山上像披了件白色的斗篷，本來高處就有雪，這下錦上添花了。趕忙帶上相機出去，路過走廊向後山上一看，也不得了，雪掩樹林，雲繞山腰。馬上打開一扇窗戶，連拍了幾張。然後向江邊走去，在橋上眺望遠處，一下震住了，四面全是雪山。東面的山是霞光映照，若隱若現，在江水的映襯下顯得雄姿偉岸，生機盎然；西面的山是群峰連綿，雲遮霧繞，顯得威嚴肅穆，氣勢磅礡；南面的山是銀裝素裹的山巒，危峰兀立，怪石嶙峋，崖壁陡似削，山巒橫如斷；北面的山是林木清晰可辨，銀白色的樹冠一片連著一片，林間正在孕育著雲霧，仙氣氤氳。它們都各有千秋、異彩紛呈，讓人目不暇接。

清晨時分，帕隆藏布江兩岸呈現出詩一般的景象

地點：波密縣城 相機：佳能 G10 ISO 速度：100 曝光：1/80 秒 光圈：4
焦距：80 毫米 曝光補償：-0.7

一束霞光喚醒了沉睡的雪峰

地點：波密縣城 相機：佳能 G10 ISO 速度：100 曝光：1/400 秒 光圈：4.5
焦距：140 毫米 曝光補償：-0.7

如此美景，此時此刻表現的這麼充分、透徹，當地人可能習以為常，但對初來乍到的人來說是無論如何想像不到的。可以說，眼前的一切能把人的感覺全部收服。置身於這麼多的美景之中，一時間真不知該從什麼地方下手拍照。這印證了古人黃庭堅描寫天柱山時的兩句詩「衰懷造勝景，轉覺落筆難」之情景。

魚頭狀的雪峰，彷彿再現了遠古的情景

地點：波密縣城　相機：佳能 G10　ISO 速度：100　曝光：1/1000 秒　光圈：4.5
焦距：135 毫米　曝光補償：-0.7

哈達般雲帶是獻給雪山最好的禮物

地點：波密縣城　相機：佳能 G10　ISO 速度：100 曝光：1/1000 秒　光圈：4.5
焦距：125 毫米　曝光補償：-0.7

　　看到這些山，不免聯想到著名畫家石濤對山的精彩概括，大意如下：山脈縱橫有動勢，有時又靜靜地潛伏著。山之環聚中彼此守著嚴謹，山之虛靈中表現出智慧，山之純淨秀色中有文氣，山之蹲跳中顯出勇武，山之峻厲中見驚險，山之高聳直逼霄漢。眼前的這些山不正蘊含著這些意境與情感嗎？

　　橋頭位置不錯，沒有任何遮擋，可以輕鬆地環顧八方。我手端相機，重新定好感光度、光圈優先曝光模式，然後選準目標，先試拍兩張。雖然是早上七點多鐘，光線還有些暗，曝光速度慢，不注意就會拍虛。拍北面山的時候，因距離較近，光線不足，還是有虛的。乾脆把相機平放在大橋的欄杆上拍，可是當有汽車透

過時，大橋上下忽閃忽閃地晃動，而且持續時間較長，使拍照受些影響。

　　整個拍照過程比較簡單，基本是在一個地方轉著圈朝四面八方拍。拍一會兒，就停下來環視四周景色變化。拍著拍著尋思，像這種不需背沉重的攝影包，不用爬山、走路，不受風颳、日曬、雨淋、冰凍的折磨，而且所有美景一覽無餘，這是一次多麼幸運、輕鬆、愜意、過癮的拍照機會啊！這麼多年從沒遇到過此等好事。想到這裡，心裡美滋滋的。人往往就是這樣：有時想得到的，歷經千辛萬苦很難得到；沒想得到的，又輕鬆自如地容易得到。這可能就是幸運加巧合吧。

雪山環抱下的波密縣城

地點：波密縣城　相機：佳能 G10　ISO 速度：100　曝光：1/200 秒　光圈：7.1
焦距：125 毫米　曝光補償：-0.7

　　雖東西南北都在拍，但重點還是在東面，因為那是太陽升起的方向，雲霧變化快，霞光機會多，容易出彩。拍雲霞時，一般時機比較短促，稍不留意就會錯過。遠處的雪山，這個季節還不是它最壯美的時刻，試想再過兩三個月，它會被潔白完全擁抱，那時的它一定會更加嫵媚動人。波密這地方很神奇，眼看著四周全是高山峻嶺，應該危機四伏，但這裡從沒發生過嚴重的自然災害。可能與山上的茂密森林有關，它們就像一排排衛士，形成了一道道嚴實的安全屏障，關照、呵護著波密這塊風水寶地。

　　阿蘭·德波頓在《旅行的藝術》一書中寫道：「美是短暫的，它常常在那些我們無緣再見之地被發現，或者是在一定的季節、光線及天氣情況下才能形成的難逢之景。」正在想像的時候，忽然發現東面山坳中一縷白雲，順著峽谷的走勢飄蕩，蜿蜒曲折，脈絡分明，很快就呈現出長長的哈達狀。在藏區能遇到哈達雲，非常吉利，再能抓拍下來就更吉祥如意了。我機不可失地先拍了幾張，目不轉睛地盯著它的一舉一動。這條雲自南向北漂移，頭部慢慢向上昂起。這時，陽光透射在雲彩上面，精彩無限。忽然又一個美麗的鳳頭雲出現了，真是個讓人心神搖盪的時刻。一兩秒鐘後雲又在變，屏住呼吸連拍了數張。多年來未曾見到這樣的景了，趣味無窮。攝影就是這樣，好的拍照時機，有時可遇不可求，有時欲求卻不可遇。

一條龍頭狀的雲帶騰空而起

地點：川藏線波密縣城　相機：佳能 G10　ISO 速度：100　曝光：1/1000 秒

光圈：4.5　焦距：135 毫米　曝光補償：-0.7

4. 剪裁出「驚」彩

波密四周雲騰峰湧的景象

地點：波密縣城 相機：佳能 G10 ISO 速度：100 曝光：1/100 秒 光圈：4.5
焦距：35 毫米 曝光補償：-0.7

　　所有攝影照片都是經過剪裁得到的，因為相機裡的取景框本身就是用來取捨、剪裁自然景觀畫面的，照片後期製作中還要根據一些需要再進行適當的剪裁，以求畫面的極致完美。有時剪裁後，照片還會出現意想不到的效果。

　　這些照片都進行了上下剪裁，就出現了不同的效果。凡是看到照片的人都認為它是從上往下俯視拍的，但實際上都是從下向上仰視拍的，為什麼同樣的照片，會有兩種截然不同的視覺效果？這裡面有個視錯覺問題。常言道：「耳聽為虛，眼見為實。」其實，有些情況下眼睛並不能如實反映客觀事物的真實面目，而是帶有某種「欺騙性」，這種欺騙性實際就是人的視錯覺因素在作怪。

在一張白紙中央畫一條橫水平線，然後再在橫線上面畫一條斜線，這時人們就會發現這兩條線都有點斜；一個普通茶缸，在人們眼中它高度的尺寸要大於它的直徑尺寸，但事實上茶缸的高度與直徑完全一致。這兩個例子說明了視錯覺現象普遍存在。其實這種特殊的視覺現象，早就被人們發現並將其作為一種獨特的藝術手段，由此創作出一些奇妙而富有震撼力的視覺效果作品，顯示出視錯覺的魅力，現在視錯覺已成為一個獨立的藝術門類即錯覺藝術。

本節照片經過剪裁，視覺效果發生了改變。單從照片本身分析，原因可能有三條：一是前景暗處的山是一條右高左低的斜線，無形中將人的視線向下引，即從高處向低處引，客觀上視線就越看越低，給人感覺是照片的下方是低於水平線的。二是將照片中的天空裁去後，畫面缺少了參照物，人的判斷容易出現偏差。世上任何事物性質的判定，都是有相應的參照條件，否則，大小、多少、強弱、好壞的定性等便無從談起。三是人的視覺習慣是往往把照片的中心作為水平線，那麼水平線以下自然就會認為是低處。也許是這三個因素導致了視錯覺的發生。

本來都是一些司空見慣的小景，一經剪裁就無形中提升了視覺衝擊力，顯得變化萬千、大氣磅礡，更加耐看和精彩。這是照片剪裁技巧的神奇，是攝影二次創作的魅力。錯覺藝術的出現，大大昇華、豐富了美的內涵，也極大滿足了人們較高藝術欣賞的需求。

綠色屏障時時呵護著波密的眾生萬物

地點：波密縣城 相機：佳能G10 ISO速度：100 曝光：1/400秒 光圈：7.1

焦距：30毫米 曝光補償：-0.7

喜馬拉雅山脈東麓的雪山處處張揚著霸氣

地點：川藏318國道 相機：佳能G10 ISO速度：100 曝光：1/2000秒 光圈：6.3

焦距：38毫米 曝光補償：-0.7

5. 大家的福音

　　這張照片表現的是峰巒雄偉、怪石嶙峋的山峰，同時給人一種望而卻步的感覺。實際情況的確如此，這山的背後就是通往墨脫縣的一條簡易小路。波密是扎（扎木鎮）—墨（墨脫縣）公路的起點，途中要翻過海拔 4700 公尺的嘎隆拉雪山，然後一路下行到達海拔只有 800 公尺的墨脫縣城，短短的一百多公里路，海拔要下降近 4000 公尺。想要抵達目的地，絕不是一件容易的事，需用雙腳不停地走 5 天。這其間不僅要經受風和雨、冷和熱、饑和渴、蟲和獸的磨難，而且又要經歷生與死的考驗，但想體驗這樣的艱辛也不是隨時都能如願的。每年只有夏季三個多月可以通行，其餘時間大雪封山，道阻路斷，墨脫就成為了一座孤島。

　　墨脫是全國最後一個通公路和通郵的縣城，所有物品都得靠人背馬馱進去。長期以來，國家對修建墨脫公路一直很重視，從西藏和平解放後就沒有停止過修建通往墨脫的公路，可是邊修邊毀，僅有的一條簡易公路也達不到通汽車的基本要求。聽說早年曾在修好簡易公路後開進去一輛大卡車，第二天就開不出來了，因為墨脫的路隨時都在斷，從不間斷，長年如此。

　　墨脫路如此難修通，為什麼國家還要這麼重視呢？其他不說，單就墨脫境內的旅遊資源講，那真是世上難尋、無與倫比的：

　　一是雅魯藏布江大峽谷，全長 500 多公里，最深處 6000 多公尺，平均深度 2600 多公尺，比世界第二名的美國科羅拉多大峽

谷要長、深出一大截來，穩坐世界第一大峽谷寶座，其最深處就在墨脫境內。

二是境內的最高處是南迦巴瓦山峰，海拔7700公尺，最低處是該縣的巴措卡村，海拔僅100多公尺，在一個縣境內海拔落差竟達到了7000多公尺，天下絕無僅有，僅此一例。因此，這裡具備了從高山寒帶到低谷熱帶雨林等九個垂直自然帶的氣候，是世界山地垂直自然帶最齊全、最完整的地方。

三是這裡罕見生物資源密集，包括青藏高原已知高等植物種類的百分之六十五，已知哺乳動物的百分之五十，已知昆蟲的百分之八十，這裡的自然生態環境至今仍保留著遠古的風貌，故有世界基因庫之稱。

如此多的世界級頭銜，足以讓墨脫揚眉吐氣了，這樣的地方不通公路，從哪個角度都說不過去。2008年底，國家再次批准了修建波密至墨脫公路方案，117公里長的公路上要修建30座隧道、橋樑和230道涵洞，計劃三到四年建成。這個好消息不僅對墨脫、波密，而且對所有遊客來說，都是一個福音。2010年12月13日，墨脫公路中的咽喉工程，距波密20多公里的嘎隆拉雪山隧道全線貫通時，中央電視臺新聞聯播還特別做了專門報導。

自治區政府也曾表示過，今後要將墨脫逐步建成為世界級的旅遊勝地。這是個令人振奮和了不起的規劃。不難想像，波密—墨脫公路通車後，熱情的旅遊者肯定會慕名而來、先睹為快的，

波密作為去墨脫的必經之地自然也會變得熱鬧起來。

交通提示：波密地處交通要道，東西接川藏 318 國道，南北起始扎—墨公路。汽車站在縣城西側，通往林芝八一鎮、昌都以及四川、雲南等地的各路長途班車都有，但目前到墨脫還沒有班車。波密縣城沒有公車，有計程車和腳踏三輪車，很方便。

住宿提示：縣城旅館不多，有民政旅館、波貿旅館等，標準客房價格在 100 元人民幣上下，一般旅館標準客房價格在 50 元人民幣上下。旅遊的不同季節，價格會上下浮動。這裡的衛生條件、治安環境都比較好。

消費提示：中、小餐廳居多，以川味為主，兼有當地藏味菜餚，味道還可以，比較可口。這裡的餐廳一般是早上開門晚，晚上關門早，可能與旅遊淡季有關。

城區中小商店多，都集中在廣場周圍，可能因為交通原因，商品價格比林芝稍高。地方特色土產品種類多，但有些沒見過，不瞭解其性能、味道、營養等情況，購買時需謹慎。

健康提示：這裡海拔不高，人只要不劇烈活動，是不會有任何高原反應的，加上縣城周圍林木植被好，所產生的負氧離子多，人不會感到缺氧。有心腦血管疾病的人，如能在這裡休養一段時間，會大有益處的。

　　攝影提示：在波密待的時間不長，加起來只有半天，拍照時間更短。因景緻豐富，收穫不小。這裡雨水較多，濕度大，有條件的可在攝影包內放點防潮劑，以避免相機受潮，防止鏡頭發霉。

第八章

聖城聖殿氣度非凡

拉薩→布達拉宮→龍王潭→大昭寺

10月29日下午五點多，從林芝回到拉薩，天空晴好，感覺舒適。拉薩的歷史悠久，是西藏政治、經濟、文化、宗教中心；這裡名寺雲集，殿堂林立，是一座名副其實的高原聖城。城區整齊潔淨、商貿發達、景色優美，也是舉世聞名的旅遊勝地。

在拉薩遊覽了最具代表意義的布達拉宮廣場和大昭寺。布達拉宮地理位置獨特，建築設計巧妙，形象偉岸高大。從宗教意義講，布達拉宮的核心價值在其內部，但從形式上看，布達拉宮的美學價值多在外景。大昭寺與布達拉宮有所區別，內景比外景更精彩。而且距離布達拉宮不遠，二者的景觀相互呼應，大大增強了宗教建築藝術的表現力。10 月 30 日購買了拉薩至北京 T28 次列車返程臥鋪票。11 月 1 日早上 9 時 20 分離開拉薩，11 月 3 日早上 7 時 20 分回到北京。

1. 寶地日光城

「拉薩」的名字最早見於公元人民幣 806 年藏王赤德松贊所立《噶瓊寺碑》中，至今已有一千多年歷史。此前，這裡群山環抱、溪流密布，是雪域高原上一個比較大的谷地曠野。拉薩河以前稱「吉曲河」，自山谷下來後，河面變寬，水流漸緩。到「吉曲沃塘」時，水道分汊，形成了大片沼澤濕地，可以想像出當時水草肥美的景象。

朝暉中的布達拉宮金碧輝煌、巍峨壯觀

地點：拉薩布達拉宮廣場 相機：佳能 G10 ISO 速度：100 曝光：1/160 秒

光圈：6.3 焦距：30 毫米 曝光補償：-0.7

　　公元 7 世紀初，雅隆部落首領朗日松贊率兵北上，成為整個吉曲（拉薩）河流域的主宰。他的兒子、吐蕃王朝締造者松贊干布征戰路過這裡時，見周圍群山四合，秀水中流，地勢寬坦，非常欣賞。又因這裡北通青海，南靠山南，西連象雄（今阿里一帶），東接多康（今川藏交界一帶），地處雪域中樞，交通方便。松贊干布作出了遷都這裡的重大決策，從此這片亙古以來荒涼沉寂的平野改變了面貌。截斷吉曲河的北河道，使河水傍著山南面流淌，紅山周圍就此顯露出大片平野。接著建宮堡，修寺廟，造住房。據說第一座建築紅山堡寨，就是布達拉宮的前身。這座巨石壘成的宮堡，兀立紅山之巔，氣勢非常雄偉。

　　一千多年前，松贊干布就獨具慧眼、高瞻遠矚，發現拉薩是個好地方，現在看來仍毫不遜色。單從地理條件講，這麼大面積的谷地平川，山水相連，而且又位於西藏的中心地帶，如今再也找不出與之相媲美的地方了。谷地中央有座山叫紅山，兩邊還各有一座山，南側叫藥王山，北側叫磨盤山，這三座山都不算太高，距地面也就幾十公尺。像鑲嵌在平野上的寶石，彌足珍貴。

　　拉薩地處谷地，四面高山擋住了高原極端的嚴寒氣流，又因海拔高熱氣上不來，所以這個高海拔城市冬無嚴寒，夏無酷暑。其獨特的氣象條件，在青藏高原尤其是同海拔的城鎮中非常罕見。這裡年降水量近 500 毫米，雨下得比較均勻有規律，年降雨天數一般維持在 80 多天，而且有 80% 的降雨時間是在晚上。這樣夜裡下雨白天晴，使這裡的光照時間非常長，年日照達 3000 多個小時，日平均 8 個多小時，成為了世上少有的、名副其實的「日光城」。

2. 仰望布達拉宮

10 月 23 日剛到拉薩後，第二天下午就去了仰慕已久的布達拉宮廣場。當看到布達拉宮全景時，一下被震撼了，所有讚譽之情無法表達，只有視覺上的幸福感受，心靈上的美妙感應。這種感覺一生中只出現過幾次，第一次是我 19 歲去北京看到天安門時，可以說熱血澎湃，激動的心情難以言表，心靈的震撼久久不能忘懷。仰望布達拉宮，感覺此時也是這種心情。29 日從林芝回到拉薩，再次看見布達拉宮時，還是這種感覺。

布達拉宮始建於公元人民幣 7 世紀，相傳是藏王松贊干布為迎娶唐朝文成公主而修建的。「布達拉」是觀音勝地普陀羅的梵語音譯，即佛教聖地之意。宮城坐北朝南，主樓 13 層，高 110 餘公尺，東西長為 360 餘公尺，南北寬為 280 餘公尺，堂舍 1000 多間，總建築面積達 13 多萬平方公尺，全部為土、石、草、木結構建造。在建成後的歷史長河中，布達拉宮飽受風雨滄桑磨礪，歷經戰亂人禍摧殘。後經不斷改擴建，現仍屹立於紅山之巔，大有橫空出世、氣貫蒼穹之勢。遠眺布達拉宮，幾乎看不出是在山上建築的，而更像從紅山上長出來的一樣，那麼天衣無縫，那麼珠聯璧合，那麼渾然一體，那麼自然天成。整個宮殿集藏民族建築藝術風格、建築材料、建築工藝的優勢之大成，集藏民族的聰明才智之大成，集藏民族的財力之大成，是雪域高原上一座瑰寶級地標性建築，也是中華民族古建築中的精華典範之作。

飛翔的和平鴿給廣場帶來了活力、祥和的氣氛

地點：拉薩布達拉宮廣場 相機：佳能 G10 ISO 速度：100 曝光：1/400 秒

光圈：6.3 焦距：30 毫米曝光補償：-0.7

　　早上八點鐘，天氣晴好，碧空如洗。在廣場西側的藥王山觀景臺上，拍下了日出後布達拉宮的照片。此時整個宮殿通體紅霞、流光溢彩，彰顯出了尊貴與華麗。在廣場上，還看到了很多藏胞在朝拜、晨練，又拍了幾張。這時忽見一群和平鴿在廣場上聚集、飛翔，給廣場帶來了無限的活力與生機，慌忙中只搶拍到了一張。

　　遊覽中，發現布達拉宮廣場布局十分巧妙，有寬闊平展的場地，有曲徑通幽的園林，幾個清澈相連的湖泊，幾座小巧玲瓏的拱橋。這裡既是人民群眾遊覽、休閒的理想場所，又是大型集會、舉行慶典的好地方。在陽光的照耀下，布達拉宮熠熠生輝、光彩奪目、莊嚴凝重、崇高偉岸，不負聖城聖殿的盛名。

　　中午休息後，下午四點多又到廣場去了。因行動不便就沒上佈達拉宮裡面參觀，在四周看看，也算了了心願。按照當地的規矩，順時針圍著布達拉宮轉。西牆邊有長長的一排轉經筒，絡繹不絕的人群邊走邊轉，紫銅色的轉經筒不停地轉動，寄託著人們對美好未來的嚮往和祈願。開始沒注意，走近了才發現，布達拉宮的牆體也很有看頭，都是粗糙的毛面，不是用泥牆工具拉毛的那種毛面，而是垂垂掛掛的，像是將泥灰甩上去的，很有質感，顯得粗獷大氣。從功能上講，也能造成吸音隔音作用，使院落更加靜謐安寧。

　　向上望去，只見宮宇依山壘砌，群樓重疊，氣勢嵯峨。從下面的圍牆根到頂部的塔尖，整個外形是下寬上窄，成錐形上去，不管從哪個角度觀看，都有一種巍峨向上的感覺，真是「白宮紅殿湛藍天，蓋世高原氣萬千」啊！所有的窗戶也是這樣，窗戶是正的，外框都是帶斜度向上的，這種形式也在整個藏民族的建築中廣泛採用，在建築風格上是一個創舉。

　　在紅山後面觀賞布達拉宮，雖沒前面那樣莊嚴肅穆，但也不乏氣勢奪人。兩邊的白宮和中間的紅宮依然那麼醒目，東宮是歷代達賴的行宮，西宮是一般僧人的住所，中間紅宮是佛堂和歷代達賴的靈塔所在地。在紅山後面的龍王潭公園湖面上，也能映襯出布達拉宮的雄偉和恢宏。

　　布達拉宮的南側大門是正門，以前只有達賴和身份顯赫的達官貴人才能出入，一般人只能走旁邊小門。正在欣賞門樓時，忽見遠方飄來一片祥雲，拖著飄帶似的雲尾向布達拉宮靠近，我連忙端起相機，選好角度按下快門。在飄逸的祥雲映襯下，布達拉宮更顯神祕、威嚴。

一片祥雲飄過，使布達拉宮多了一份威嚴和神祕

地點：拉薩布達拉宮廣場 相機：佳能 G10 ISO 速度：100 曝光：1/500 秒

光圈：5 焦距：30 毫米 曝光補償：-0.3

透過佛塔下的通道，看到了一個發展中的新城區

地點：拉薩布達拉宮廣場 相機：佳能 G10 ISO 速度：100 曝光：1/60 秒

光圈：6.3 焦距：28 毫米 閃光燈：開啟

　　繼續向西走去，看到在北京路中央，有一個碩大佛塔，塔身中間是通透的，可自由出入，馬路從佛塔兩旁分開延伸。進去一看，裡面有 1 公尺多寬、2 公尺多高，兩側擺有貢果和哈達、鮮花一類的供品，內頂繪有華麗的圖案。構圖精巧的圖案、鮮艷奪目的色彩，顯現出藏民族繪畫技藝上的高超。據說這些彩色顏料都是山上岩石採集後研磨的，色正質純，自然樸實，永不褪色。蹲在地面向上拍了幾張，因是仰拍，所以能較好地顯示出整個內頂圖案的完整、優美和氣勢來。

　　30 日這天，從早到晚、從東到西、從前到後，完完全全把布達拉宮的外景看了個遍，也拍了不少照片，心裡感到既快樂又過癮。

3. 悠閒龍王潭

　　觀賞布達拉宮，不能落下龍王潭公園，這是與布達拉宮前後相連、上下相依的一個著名景點。相傳 17 世紀中葉，達賴五世擴建布達拉宮時在此取土，形成深潭。達賴六世倉央嘉措在湖心建有三層八角琉璃亭，常來此憩息。內供龍王像，故稱龍王堂。園內樹木蔥蘢，花草繁茂，湖水映布宮，拱橋連亭閣。當時，這裡是布達拉宮的後花園，是達賴和貴族們休閒遊憩的場所。現在，園區早已回到百姓中來了，成為百姓都能自由自在休閒娛樂的地方。

金秋的園內，處處洋溢著清新、休閒的氣氛

地點：拉薩龍王潭公園 相機：佳能 G10 ISO 速度：100 曝光：1/100 秒
光圈：8 焦距：28 毫米

　　順著布達拉宮西牆邊向北走，不遠即是引人矚目的三座佛塔，
也就進入了龍王潭公園裡，這裡沒有大門和其他標記，也沒有圍
牆，是開放式園區。

　　秋天的色彩裝點了整個園區，綠的、黃的、紅的粉墨登場、
五彩繽紛，令人流連忘返。此時此地，已分不清是在北方還是南
方、平原還是高原，都是清一色的湖水蕩漾、樹木成蔭、花草簇
擁。在有些人看來，一說拉薩就認為高原缺氧、難以適應；一提
西藏就談虎色變、望而卻步。其實不完全是那麼回事。如能按照
高原的生活規律活動，人們到拉薩以及西藏的部分地區遊覽基本

上都能適應，即便個別人開始反應大些，幾天後也會慢慢好的。
有些事情容易產生一些誤解，形成一些失誤，一旦真正認識清了，
再複雜的事情也會變得簡單了。

佛塔是龍王潭公園內醒目的地標性建築

地點：拉薩龍王潭公園 相機：佳能 G10 ISO速度：100 曝光：1/400 秒

光圈：8 焦距：30 毫米 曝光補償：-0.3

　　三座佛塔在公園的西南面，緊靠布達拉宮，逢年過節時朝拜的人很多，平時也絡繹不絕。仰視拍照能烘托塔和人的形象，利用天邊那一抹雲彩，寓意人們祈願升騰的含意。畫面儘量避開了樹、房子等雜物的影響，以及與內容無關的人，保持了畫面的純淨、完整。

　　在拉薩停留的三天中，每天拍照都有水面倒影。從照片上可以看出，這幾天都是風平浪靜的，水像鏡面一樣平整光亮。現在是深秋，應該是秋風瑟瑟、風掃殘葉的時候，但拉薩這麼寧靜，是偶遇還是常態呢？如偶遇算是運氣好，如常態說明拉薩真是個難得的遊覽勝地。三座佛塔有陽光的照射，襯托在暗調的陰影之中，表現出醒目的效果，完美的倒影構成了畫面結構的均衡，水中陰影處還有兩隻鴨子悠然遊動，也增添了一些情趣。

湖水平靜如鏡，是秋季不可多得的景象

地點：拉薩龍王潭公園　相機：佳能 G10　ISO 速度：100　曝光：1/400 秒

光圈：8　焦距：30 毫米　曝光補償：-0.3

4. 古樹顯滄桑

　　在布達拉宮周圍的園林中，長著不少看似老得不能再老的樹。
這些樹古樸滄桑、腰圍粗大，深深的凸凹皺褶和木贅、根瘤遍佈
軀幹周身，裸露於地表並蜿蜒伸展的粗大根系，牢牢地深入到泥
土中去，看起來有百年以上的歷史了。仰頭望去，龐大的樹冠在
密集的枝枒支撐下，猶如一個碩大的華蓋，綠若絲絨的樹枝輕柔
而綿長，在微風的輕拂下，恰似層層疊疊的帷幕，飄飄灑灑，雍
容大方。有的樹上碩壯的枝枒在地上糾結，彷彿龍身在地面上下
翻滾著。

　　這棵樹已經蒼老得直不起腰來，其身軀不知蒙受過多少次的拳打腳踢、刀刺斧砍，也不知目睹過多少回的腥風血雨、電擊雷劈。所有的磨難都經受住了，只為一個目的：好好活著，為天下蒼生多納廢氣，多吐氧氣，以自己微薄的力量和方式默默奉獻著。活一天成長一天，活一時奉獻一時，大有鞠躬盡瘁、死而後已的精神境界。不管是誰，只要一看到這棵樹後，都會感慨萬千、肅然起敬的。它下面老態龍鍾的軀幹與上面生機盎然的枝葉，也形成了較大的反差。看來奉獻是不講任何條件的，不需要什麼基礎，是實實在在的。此時聯想到了援藏

　　歲月的磨礪，古樹顯得老態龍鍾，但依然枝繁葉茂、生機勃勃

地點：拉薩布達拉宮廣場　相機：佳能 G10　ISO 速度：100　曝光：1/40 秒

光圈：5.6　焦距：28 毫米

　　幹部孔繁森，為了西藏人民的幸福安康，在上有老母、下有妻兒的情況下，孑然一身來到西藏阿裡，一工作就是十年。把藏胞當親人，視高原為故土，任勞任怨工作，勤勤懇懇做事，最後將生命奉獻給了雪域高原。英雄也好，古樹也好，都是值得大家敬仰、學習和珍重的。

飽經滄桑的古樹與朝氣蓬勃的兒童形成了鮮明的對照
地點：拉薩龍王潭公園　相機：佳能 G10　ISO 速度：100　曝光：1/25 秒　光圈：5.6
焦距：28 毫米

　　古銅色的樹幹和綠黃色的樹葉，與遠處身著鮮紅服飾、歡快活潑的小朋友形成了鮮明的對比，這種強烈的對比能引起人們的注意，從而造成較好的視覺效果。看到這些扭曲、粗糙的軀幹，能想像到惡劣環境對它們造成的無情摧殘，也證明它們在與自然界的抗爭中是多麼頑強和具有旺盛的生命力。人不也是這樣嗎？只有在與艱難困苦、惡劣環境的抗爭中，才能不斷贏得機會，不斷有所作為，不斷取得成功。

5. 瞻仰大昭寺

　　10 月 31 日上午，前去大昭寺遊覽。到達後，寺院門前廣場已是熙熙攘攘，有磕頭長拜的、結伴轉經的、席地歇息的、購物還價的，好不熱鬧。廣場上首先映入眼簾的是被圍起來的石碑——著名的唐蕃會盟碑。唐長慶三年（公元人民幣 823 年）用藏漢兩種文字鐫刻，見證了唐蕃人民世代友好之誠意。雖碑身有所風化，但大多碑文仍清晰可辨。大昭寺始建於公元人民幣 647 年，是藏王松贊干布為紀念尺尊公主入藏而建的，後經歷代修繕擴建，形成了現在龐大的建築群。寺院建築面積達兩萬多平方公尺，有二十多個殿堂。大昭寺還是西藏重大佛事活動的中心，許多重大的政治、宗教活動，如「金瓶掣籤」等都在這裡舉行。

大昭寺門前的廣場上遊人如織

地點：拉薩大昭寺　相機：佳能 G10　ISO 速度：100　曝光：1/300 秒　光圈：8
焦距：28 毫米　曝光補償：-0.3

　　大昭寺進門後是一個四方院，左轉有一過道，進去又一四方院，北面即為寺院主殿，這個已有一千多年歷史的殿堂，看上去依然莊嚴肅穆、富麗堂皇。大殿左右各有多尊佛像，左側為紅教創始人密宗大師蓮花生大師，右側是未來佛。大殿入口處右側是關於大昭寺建造故事的壁畫，還有文成公主進藏圖壁畫，人物造型生動，刻畫細膩，色彩艷麗，畫工精到。這些壁畫年代久遠，雖有香火熏燎的痕跡，但沒有任何損傷，整體保護得這麼好實屬不易。

　　金碧輝煌的主殿是整個寺院的中心

地點：拉薩大昭寺　相機：佳能 G10　ISO 速度：100　曝光：1/400 秒　光圈：8

焦距：28 毫米　閃光燈：開啟

　　主殿中央供奉著釋迦牟尼十二歲等身鎏金像，這是文成公主入藏時，從大唐歷經千辛萬苦帶入拉薩的。為什麼這一尊如此珍貴呢？因為此像是釋迦牟尼在世時，按照其本人形象塑造的。等像塑好後，弟子們有幸請佛祖釋迦牟尼本人給自己的佛像開光加持。整座佛像金光閃閃、楚楚動人、栩栩如生、熠熠生輝，現在看依然沒有一點陳舊的痕跡。藏胞們認為它珍貴，不單單是因為它的歷史和文物價值，而是還認為看到這尊佛像與見到兩千五百年前的佛祖沒什麼區別。釋迦牟尼等身鎏金像是大昭寺的靈魂所在，也是藏區人民精神的嚮往，天天都有大批信徒和群眾前來瞻仰、進香。

寺中壁畫既是滄桑歷史的記錄，又是繪畫藝術中的珍品

地點：拉薩大昭寺 相機：佳能 G10 ISO 速度：100 曝光：1/2 秒 光圈：5.6
焦距：28 毫米 曝光補償：-0.7

　　寺內有地方施工，遊人不是太多，在寂靜中轉了長廊和幾個殿堂。寺內規定殿堂內不準拍照，所以只能將相機掛在胸前，不敢舉起來取景。偶爾想拍了，就掛著相機不動，用右手大拇指輕輕摁下快門盲拍。結果室內光線太暗，曝光速度慢，照片幾乎都是虛的。這幅壁畫很生動，但有點虛。寺內壁畫很多，有近千公尺長。這裡還有一千多年的檀木門框和上面精美的雕刻，唯大昭寺獨有，其他寺院看不到。佛教藝術的確很美，在造型、色彩、線條等方面，很值得深入研究和學習。透過對宗教建築及其他藝術形式的觀賞，能感受到藏傳佛教文化的博大精深、意蘊高遠。

　　從大殿出來，有通往二、三層樓平臺的階梯。階梯是木製的，漆著紫紅色的油漆，厚厚的木板走上去很柔軟。上到二層後，有一個環形的長廊，南面有出售貢品的櫃臺，有喝茶飲的桌、凳。接著又上三樓，舉目環望，視野大開。因街上的樓房都不太高，在這裡能看到大半個拉薩城。平臺上，首先引人矚目的是臥鹿聽法塑像，通體金光爍亮，不管造型設計還是鐫刻工藝上，都堪稱精美。中間的法輪代表著崇高的佛法，臥鹿代表著天下萬物生靈，寓意深刻，形象生動，簡明易懂，過目不忘，是難得的佛教藝術珍品。臥鹿聽法塑像已當之無愧地成為了大昭寺向外界展示其形象的地標性景物。

透過臥鹿聽法塑像眺望布達拉宮，更顯崇高與神聖

地點：拉薩大昭寺 相機：佳能 G10 ISO 速度：100 曝光：1/800 秒 光圈：8
焦距：30 毫米 曝光補償：-0.7

　　這個角度是透視布達拉宮最好的，當時天氣陰間多雲，天空
雲層密布，光線不十分理想，但陽光偶爾從雲層的縫隙中惠及大
地，而且光線柔和，不像晴天那麼硬。就在光線照到遠處的布達
拉宮和近處的臥鹿聽法塑像之時，抓拍了幾張。

遠眺布達拉宮

地點：拉薩大昭寺 相機：佳能 G10 ISO 速度：100 曝光：1/400 秒 光圈：8
焦距：38 毫米

　　大昭寺的建築設計巧妙、用料講究、工藝精緻、氣勢不凡，給
人留下了深刻的印象。但仔細一看，所有的牆頭跑線遠看是直的，
近看都有些彎曲。所有地面猛看是平整的，近看也是細微凸凹狀
的，這是典型手工敲打出來的建築。在樓上，還看到了寺院其他
房頂正在施工，工匠們手拿著木板，有的站著、有的蹲著，在不
停地上下拍打著地面、牆頭。在大都市看慣了高樓大廈和機械化
建築施工，看到這些純手工建築和最原始的施工場面，感到很新
鮮，有點返璞歸真的感覺。雖然施工材料多是當地的泥土，施工

方式也最原始，但質量卻令人刮目相看。一千多年的大昭寺建築，絲毫沒有搖搖欲墜的跡象，而且顯得愈加壯實和充滿活力。

主殿四角裝飾得精緻玲瓏

地點：拉薩大昭寺 相機：佳能 G10 ISO 速度：100 曝光：1/800 秒 光圈：8
焦距：38 毫米 曝光補償：+0.7

主殿四周，有著異域風格的小獅子塑像特別引人注目

地點：拉薩大昭寺　相機：佳能 G10　ISO 速度：100　曝光：1/60 秒　光圈：8

焦距：28 毫米　曝光補償：-0.3

　　俗話說：「一方水土養一方人。」千百年來，世界屋脊的山山水水養育了一代又一代高原兒女，給他們力量、活力和智慧。藏民族確實是一個偉大的民族，在如此殘酷惡劣的環境中，生生不息、發憤圖強，不僅形成了一套獨特的生活方式，而且還創造出了一系列美好的、具有高原特色的繪畫、音樂、舞蹈、雕塑、文學等文藝門類。在西藏短暫的時間裡，可以說是我一生中最充實和難忘的時刻。其中最為快樂的就是時時陶醉在歌聲裡、享受在音樂中。高原歌曲的曲調大氣磅礴、深沉高遠、千迴百轉、情深感人，有一種天籟之音的感覺。進藏火車一過唐古拉山，廣播裡就開始響起藏族音樂和歌曲，大街上、汽車裡處處也在不停地播放。就像人餓了需要食品一樣，寂寞了也需要音樂。伴著優美的旋律，再欣賞著車窗外的風景，心情自然會變得不同尋常。

　　早就聽說藏胞能歌善舞，好像與生俱來的一樣。在大昭寺樓上的平臺上，看到不遠的屋頂上有七八個施工的小姑娘，身著藏裝，頭裹彩巾，手握木壓板站成一排，挪著小碎步上下整齊地拍打著屋面，不停地發出「啪、啪」的擊打聲，奇妙的是她們邊做邊唱著歌曲。這些有節奏的拍打聲與她們的歌聲交融在一起，無意中表演出了一幕有趣的女聲小合唱。嗓門時高時低、音調時長時短，旋律悠揚婉轉、美妙動聽。可惜自己不是音樂家，否則，可將此場面創作出一部音樂舞蹈劇來。鮮艷的服裝、整齊的動作、婉轉的旋律，我著實免費看了一場小型音樂會。藏民族群眾就是常常以這種最平常、最樸素的方式，用歌聲抒發情感，用歌聲傳達訊息，用歌聲豐富生活，用歌聲美化人生。

6. 無架拍夜景

晚上布達拉宮廣場遊人稀疏，特別清靜。遠處的布達拉宮在路燈的映照下威嚴屹立，色彩暖暖的，加上湖面上風平浪靜，是拍夜景的絕佳時機。因來時輕裝出行，包是小的，相機是小的，連毛巾都是小的，自然三腳架也不會帶的。當看到布達拉宮在湖面的倒影下清晰迷人時，拍照的慾望油然而生。真後悔當初沒帶大三腳架，帶個小迷你三腳架也好，輕巧又不占地方。但沒有三腳架也得想辦法拍，這個難逢的機會不能錯過。

望著夜空和夜景，感到萬事俱備，但沒腳架像缺點什麼。忽然看見不遠處，有一全副武裝的影友，支著三腳架，架著大相機、長鏡頭，手持快門線，令人羨慕。我便湊上去，想套個近乎，沒準能蹭個腳架用用。那個影友直直地站著，目視前方，沒拍照的打算，像是等什麼。我走近了問道：「今晚景不錯，你是本地的嗎？」他說：「不是，成都來的。今晚邪門了，都快八點了，燈怎麼還不開？以前這時候燈都開了。」我應了一下，原來還有燈光照明。心想趁燈沒開，先以現場光拍幾張再說。走到湖邊的欄杆旁，將相機放在欄杆上，角度低，又用一元人民幣硬幣墊在鏡頭下面，雙手按緊相機不動，設光圈優先自動曝光，大約十秒才拍完一張。拍完後又走到影友旁，問道：「燈光亮了是不是更好看？」他答道：「有燈光才漂亮，我經常到拉薩來，以前總有風，沒拍好倒影，今天沒風，可偏又不開燈，急死了，不行就回去了。」看來他是個急性子，本想借他的腳架用用，但一看他那煩躁的心情，不敢講。

夜幕下的布達拉宮更加聖潔、壯麗

地點：拉薩布達拉宮廣場　相機：佳能 G10　ISO 速度：100　曝光： 8 秒　光圈：6.3

焦距：28 毫米　拍攝方式：手持相機放臺上

　　過了一會兒，布達拉宮的照明燈光猛然開啟，古老的聖殿彷彿瞬間迸發出了神祕的光彩，活力四射。影友高興地拍了起來，我也趕快回到剛才的位置拍了幾張，回過頭來再想借影友的腳架，誰知他已打道回府了。沒辦法，保險起見又多拍了幾張，直到心裡踏實了，才收兵回營。

　　這是自己多年來唯一一次沒用三腳架拍的夜景，回放一看，效果還可以，有幾張挺清晰。看來任何事情只要想做，總會有辦法，困難沒有辦法多。

7. 高原嘆感言

很快，青藏之旅接近尾聲。到拉薩火車站購買了返京的 T28 次臥鋪車票。早上七點半，提前到了車站。本想在青藏線上再來個激情拍照，那知上車後發現相機的記憶卡出了問題。躺在鋪上，閉目養神，高原上的精美畫面像放映電影一樣，一幕幕地閃現在眼前。

車輪飛轉，列車疾駛，車窗外的風景依然那麼精彩、那麼迷人......

此次出行，在青藏高原共待了 16 天。其中西藏 9 天，兩次乘汽車翻越米拉山口（海拔 5000 多公尺）和色季拉山口（海拔 4600 多公尺）。十幾天中，身體感受上既有平靜、又有波瀾，高原反應經歷了「非常嚴重、一般嚴重到輕微、沒感覺」四個階段。對於高原感受，體會五句話：

氧氣吃不飽，
陽光似火烤，
慢走不能跑，
吃肉用力咬，
日久逐漸好。

氧氣吃不飽：在高原三四千公尺地區，空氣中的氧氣雖吃不飽，但也不至於太飢餓，作為個人休息、乘車或輕微活動時足能

應付。但遇活動量大時氧氣就遠遠不夠用了，高原反應症狀也會明顯出現。

陽光似火烤：高原的陽光照射很厲害，輕微的會曬黑、曬翹皮，嚴重的會把皮膚灼傷。在街上，人們都習慣戴帽子和墨鏡遮陽，還有些人戴口罩，大概也是為了遮陽。一般到高原來應抹點防曬霜。

慢走不能跑：慢走感覺不大，快了不行。有次想近距離拍氂牛吃草，誰知走到幾公尺遠時，氂牛突然衝我吼了起來，嚇得轉身就跑。跑了幾步就上氣不接下氣，喘得非常厲害。在高原尤其是初到時，絕對不能快走或跑。

吃肉用力咬：平時就餐，我大多清淡，偶爾也改善了一下，吃個馬鈴薯燉氂牛肉或燉藏豬肉，誰知肉都燉得不爛、較硬，可能與高原的火候不足有關，吃幾塊兒腮幫子就酸得無力了，胃不好的儘量少吃肉。

日久逐漸好：到高原需有個適應過程，剛到拉薩時，急風暴雨式的高原反應令人驚恐萬分。待第二次返回拉薩時，遇到的卻是平靜如水。看來「時間」的作用是很大的，它的長短不僅是友情的試金石、成功的籌碼、癒病的良藥、知識的積累等，而且還是抗高原反應的有效剋星。

　　另外，在應對高原反應的過程中，總結出八字訣：「慢、淡、甜、晚、短、暖、看、緩。」

　　一是動作要「慢」。這對初到高原的人來說是至關重要，不但走路慢，像上下樓、上下車、提東西、搬箱子、吃飯等，只要是肢體活動的，都要像影視中慢鏡頭一樣緩慢。否則，就容易出現程度不同的反應症狀。不過，這也不是什麼大事，只是感覺上有些難受而已，休息一下會好的，嚴重時才會並發意外情況。

　　二是飲食要「淡」。高原上日照強，天氣乾燥，初到的人容易上火。這時，飲食上就不能再火上澆油了，什麼辛辣的、熱性高的、肥甘厚味的食物儘量少吃或不吃。否則，火氣一盛，大小毛病就會接踵而至，很麻煩。如確實口味重的，可以多吃點水果化解一下。高原上，人的胃功能減弱，大魚大肉不易消化，每天食用煮雞蛋和優酪乳來保證營養是比較實惠的。

　　三是飲品要「甜」。初到高原的人，血液中紅細胞代謝快，需要補充大量的糖分，靠平時的飲食是不夠的，不及時補充會加劇高原反應症狀。有人的經驗是喝白、紅糖水和罐裝飲料，我體會最深的還是喝吸收快、便捷的葡萄糖水，減輕高原反應見效快，立竿見影。葡萄糖粉藥店都賣，物超所值。

　　四是作息要「晚」。高原與北京的時差約兩個小時。平時，晚上十點多睡覺，到高原開始我也這個時間休息，第二天早上六點多起床，一看街上沒人。仔細一想，這才相當於北京早上四點

多。後來慢慢習慣了晚上十二點多休息，早上八九點起床。晚睡晚起對很多人是能適應的。

五是洗浴要「短」。主要指時間短。洗浴在內地是簡單的生活細節，但在高原就是一項慎之又慎的大事。洗浴能促進血液循環，極易消耗人的體力，導致疲勞及缺氧，加上溫差較大也會增加患感冒的幾率。所以，初到高原的人頭幾天不提倡洗浴，以後要洗時時間也不易過長。

六是睡覺要「暖」。高原晝夜溫差大，晚上睡覺是個重要環節，往往患病就容易在此時發生，我在格爾木的那天晚上就深受其害。一路上住旅館、旅館，被子常常有長有短、或厚或薄，沒個統一的標準。暖氣也是時有時停，缺少規律。所以，天涼時要有多手準備，最保險就是多穿衣服睡，可能不舒服，但能防止感冒。

七是有病早「看」。高原生病，千萬不要扛、不能拖。否則，小病拖成大病，大病釀成大禍，這樣的例子不勝枚舉。輕微的病可及時服藥控制，服一兩次藥沒好轉，馬上去看醫生，並去正規的醫療單位就診，免得誤事。

八是情緒平「緩」。高原上情緒越激動，反應越容易嚴重。曾有所藝術院校的學生們到高原寫生，路上看到雪山、湖泊時很激動，下車後又唱又跳、又畫又照，等大家上車後很多人就不行了，有些反應的還很嚴重。所以，在高原要控制好情緒，不激動、

不急躁，始終保持平穩、平和、平靜的心態，這樣會減輕高原反應的影響。

交通提示：拉薩是全區公路、鐵路、航空交通的樞紐。相對來說，鐵路、航空交通更快捷、安全、舒適些。旅遊旺季，航空機票價沒有折扣，火車票更是一票難求。淡季航空票、火車票都不緊張。通往區內主要城鎮的公路長途班車每天都有，像近處的那曲、日喀則、林芝等每天好多班次。從拉薩到區內各主要風景區，都有不同型號的包車前往，價格可議。拉薩市區公車很多，上車 1 元人民幣，不擁擠。市區計程車乘坐一次 10 ～ 15 元人民幣。腳踏三輪車也很多，近距離內 3 ～ 5 元人民幣。市內有出租自行車的商店，每小時 2 ～ 3 元人民幣，一天 20 元人民幣。

住宿提示：市區旅館很多，設施比較齊全，通風條件好，整潔、安全，基本上都能上網，旅遊淡季標準客房價格在 100 元人民幣上下不等，住宿人員不多。旅遊旺季床位供不應求、價格高。一般旅館、招待所也不少，價格會低些。一些背包客的客棧也不錯，那裡出行的路況、車況、景況等方面的訊息很多，如想外出拼車會更方便。不管是什麼住宿條件，最好選個有電梯的地方，因為在拉薩，步行上下樓不是件輕鬆的事。

消費提示：飯店、餐廳很多，當地藏味菜餚和川味以及其他風味的都有，衛生條件不錯。大眾化的餐廳以川味居多，用餐方便，比較可口。價格與內地大城市的餐飲水平差不多。市區一些優酪乳店、酥油茶店具有濃郁的風味特色，很值得光顧品嚐。

商場、商店和大小超市很多，熱鬧、繁華，到這裡來選購藏民族特色的商品當是首選。冬蟲夏草、藏紅花、高原菌類等質量上乘的商品更受遊客青睞，一些藏族小工藝品做得精巧實用，也深受歡迎。購買商品時，最好貨比三家，比款式、比質量、比價格，大多是可以議價的。

健康提示：在拉薩，躺在床上的心跳脈搏是 85 下左右，基本上相當於在內地輕微活動時的脈搏。輕微活動時脈搏會更高，相當於內地劇烈活動時的脈搏，正好相差一個級次。為盡快適應高原的環境，要按時服用紅景天膠囊或口服液，葡萄糖粉水也要不停地喝。如遇劇烈活動時，提前喝點抗疲勞、耐缺氧的飲料像紅牛、靈芝茶等也是不錯的選擇。

攝影提示：拉薩值得遊覽、拍照的地方很多，市內首選布達拉宮、大昭寺、羅布林卡行宮、小昭寺等。還有現代建築拉薩河大橋、立交橋等。晴天時，陽光強烈，景物反差大，多雲時光線柔和些。拍夜景時，相機測光難，可用不同的曝光時間多拍幾張，為求景深大，光圈一般設在較小檔位。夜景曝光要足，寧過勿欠。

坐火車遊西藏：慢遊心攝

作者：呂新平

發行人：黃振庭

出版者：崧博出版事業有限公司

發行者：崧燁文化事業有限公司

E-mail：sonbookservice@gmail.com

粉絲頁　　　　　　網址

地址：台北市中正區重慶南路一段六十一號八樓 815 室

8F.-815, No.61, Sec. 1, Chongqing S. Rd., Zhongzheng Dist., Taipei City 100, Taiwan (R.O.C.)

電　話：(02)2370-3310 傳　真：(02) 2370-3210

總經銷：紅螞蟻圖書有限公司　　網址：

地址：台北市內湖區舊宗路二段 121 巷 19 號

電話:02-2795-3656　　傳真:02-2795-4100

印　刷：凱林彩色印刷有限公司

定價：350 元

發行日期：2018 年 7 月第一版

◎ 本書以POD印製發行